MAURICE BLONDEL

Der Ausgangspunkt des Philosophierens

Drei Aufsätze

Übersetzt
und herausgegeben
von
ALBERT RAFFELT
und
HANSJÜRGEN VERWEYEN
unter Mitarbeit von
Ingrid Verweyen

FELIX MEINER VERLAG
HAMBURG

PHILOSOPHISCHE BIBLIOTHEK BAND 451

Die französischen Originaltitel, Erstveröffentlichungsorte und -daten entnehmen Sie bitte den »Bibliographischen Angaben, S. XXI

Die Deutsche Bibliothek — CIP-Einheitsaufnahme

Blondel, Maurice:

Der Ausgangspunkt des Philosophierens : drei Aufsätze / Maurice Blondel. Übrs. und hrsg. von Albert Raffelt und Hansjürgen Verweyen unter Mitarb. von Ingrid Verweyen. — Hamburg : Meiner, 1992

(Philosophische Bibliothek ; Bd. 451)

ISBN 3-7873-1087-8

NE: GT

 — Satz: Peter Kusel, Hamburg. Druck: Strauss Offsetdruck GmbH, Hirschberg. Einbandgestaltung: Jens Peter Mardersteig. Einband: Lüderitz & Bauer, Berlin. Gedruckt auf säurefreiem, alterungsbeständigem Werkdruckpapier. Printed in Germany

INHALT

EINLEITUNG

1. Maurice Blondels Leben und Werk

Das grundlegende Werk für das Verständnis der Philosophie Maurice Blondels »L'Action« erschien 1893. Wenn zum Zentenarium dieses Buchs der Meiner-Verlag (im 125. Jahre des Bestehens der »Philosophischen Bibliothek«) die Herausgabe der erstmaligen deutschen Übertragung von drei Aufsätzen Blondels ermöglicht, die wie kaum andere Schriften Blondels die Nähe seines Denkens zur klassischen deutschen Philosophie deutlich machen, so nimmt er damit eine schon früh gewiesene Spur auf.

Der Berliner Philosoph Adolf Lasson, als Hegelforscher heute noch geschätzt, hatte in seinem »Jahresbericht über Erscheinungen der philosophischen Literatur in Frankreich aus den Jahren 1891–1893« über mehrere Neuerscheinungen zu berichten, die bis heute Gewicht behalten haben: von der neuen »Revue de métaphysique et de morale« über Werke Alfred Fouillées, des Wissenschaftstheoretikers Gaston Milhaud, von Georges Fonsegrive bis zu der Thèse des Philosophiehistorikers Victor Delbos. Wenn er die Vorstellung des Hauptwerks von Maurice Blondel »L'Action. Essai d'une critique de la vie et d'une science de la pratique«[1] mit dem Satz einleitet: »Das Bedeutendste und Wertvollste haben wir uns bis zuletzt aufgespart«, so zeigt dies eine Wertschätzung dieses Werkes, die von seiner Wirkungsgeschichte in Deutschland anscheinend nicht voll bestätigt worden ist. Lasson schreibt weiter: »Wir haben es mit einer gründlichen, ernsten philosophischen Gedankenarbeit zu tun, mit einer oft bewunderungswürdigen Kunst der Analyse, die mehr dialektisch als psychologisch, mit echtem Tiefsinn den Kern der

[1] Vgl. die bibliographischen Angaben zu den Werken Blondels und der deutschsprachigen Blondel-Literatur im Abschnitt Literaturhinweise.

Sache trifft. [...] Es werden wenig Namen genannt, und selten kommen Anführungen vor: aber überall zeigt sich eine umfassende Belesenheit und reiche Kenntnis des Lebens wie der Wissenschaft. Haben wir es mit einem jungen Manne zu tun, — wir wissen nicht, wo uns der Verfasser sonst begegnet wäre, — so müssen wir ein großes Talent freudig begrüßen. [...] Daß das Buch, bei dem man unbeschadet seiner Originalität an J. G. Fichte und an Hegel erinnert wird, im heutigen Frankreich geschrieben werden konnte, ist eine sehr merkwürdige Tatsache; sollte es sich dort Zustimmung und Wirksamkeit gewinnen können, so würden wir zugestehen, daß in der Philosophie wenigstens manches in Frankreich besser steht als bei uns. Wir scheinen nun einmal auf die physiologische Psychologie eingeschworen zu sein, und unsere Armut und unser Unvermögen wächst von Jahr zu Jahr«.[2]

Lassons Frage nach dem Autor des Werks läßt sich heute schnell beantworten:[3] Maurice Blondel, am 2. November 1861 in Dijon geboren, stammte aus einer Familie, die schon seit der Mitte des 13. Jahrhunderts Landbesitz in Burgund hatte. Von dieser Herkunft her läßt sich die Grundintention verstehen, die ihn, den entschiedenen Christen, schon seit seinen Studienjahren bestimmte: über eine bis an die Wurzeln gehende Auseinandersetzung mit dem Geist der Moderne der Kirche aus dem spirituellen Ghetto herauszuhelfen, in das sie im nachrevolutionären Frankreich geraten war. Blondels Verhältnis zur Tradition war nicht das der Bildung — im Hegelschen Sinne eines sich selbst entfremdeten Geistes —, sondern das Stehen in einer lebendigen Vergangenheit, vor der die atheistisch-laizistische Gegenwart als eine Übergangsphase in einem umgreifenderen Horizont erschien.

Schon während seiner Gymnasialzeit in Dijon wurde Blondel mit Maine de Biran und Leibniz vertraut. Seit 1881 an der École normale supérieure in Paris, gewann er — vor allem über seine Lehrer Léon Ollé-Laprune und Émile Boutroux — einen Zugang zur Geschichte und aktuellen Situation der Phi-

2 A. Lasson (1894), S. 242–244. — Für eine Darstellung der »Action« aus heutiger Sicht vgl. P. Henrici: Maurice Blondel (1987); A. v. Hooff (1983).

3 Vgl. vor allem P. Henrici: Maurice Blondel (1987).

losophie, wie er sonst wohl nirgends geboten wurde. Am 7. Juni 1893 verteidigte er seine Thèse »L'Action« an der Sorbonne.[4] Die doppelte Intention dieses Werks — in sorgfältiger Auseinandersetzung mit der kritischen Philosophie über eine systematische Phänomenologie der »action« den Ort menschlicher Praxis aufzudecken, wo eine Entscheidung angesichts des »Problems Religion« unausweichlich wird — führte zu mancherlei Mißverständnissen.

Zunächst einmal bedeutete ein solches Unterfangen ein Hindernis für Blondels Weg in den universitären Institutionen des laizistischen Frankreich der Jahrhundertwende. Dies ist der Grund für sein Ausweichen in die »Provinz« als Professor in Lille 1896 und Aix-en-Provence 1897–1927.

Als mißverständlich hatte aber auch Léon Brunschvicg das Werk Blondels empfunden, wie er in einer kurzen Notiz in der von Xavier Léon herausgegebenen »Revue de métaphysique et de morale« anmerkte.[5] Dies veranlaßte Blondel zu einer verschärften philosophischen Reflexion in einer Reihe von Artikeln, auf die im nächsten Abschnitt näher einzugehen ist — und führte schließlich zu einer tiefen Freundschaft zwischen Blondel und diesen beiden Gelehrten, die sich um die Philosophiegeschichte — insbesondere um Pascal und Fichte — so verdient gemacht haben.

Mit der weiteren Klärung seiner philosophischen Position stieß Blondel vor allem aber im Raum der neuscholastisch geprägten katholischen Theologie auf wachsendes Mißverständnis. Die glänzende Darlegung seiner Methode der Religionsphilosophie in der »Lettre sur les exigences de la pensée contemporaine en matière d'apologétique et sur la méthode de la philosophie dans l'étude du problème religieux« (1896)[6] gab dem Mißtrauen

4 Vgl. Blondels Darstellung: Une soutenance de thèse. In: Études Blondéliennes 1 (1951), S. 79–98. Die von Lasson gewünschte deutsche Übersetzung erschien erst 1965.

5 1 (1893), Suppl., Nachdruck in Études Blondéliennes 1 (1951), S. 99, dort S. 100–104 die Antwort Blondels aus Revue de métaphysique et de morale 2 (1894), Suppl.

6 Jetzt in: M. Blondel: Les premiers écrits. 1956, S. 5–95. Vgl. auch H. Verweyen (1974) und (1989).

Nahrung, hier habe aufs neue der gefährliche Geist der modernen Philosophie die Oberhand über die gesunde Lehre gewonnen. Ähnlich erging es Blondel mit seinem Versuch, in »Histoire et dogme« (1904)[7] zwischen der »extrinsezistischen« Theologie in ihrem starren Verhältnis zu den Errungenschaften der kritisch-historischen Exegese und dieser selbst in ihrer systematisierten Gestalt als »Historismus«[8] zu vermitteln — einer Aufsatzreihe, die wegen ihres hohen hermeneutischen Reflexionsniveaus auch heute noch Beachtung verdient. Blondel selbst geriet in diesem zu Anfang des 20. Jahrhunderts ausgetragenen »Modernismus«-Streit in den Verdacht der Häresie. Sein philosophisches Arbeiten war seitdem in zunehmendem Maße von Zurückhaltung geprägt. Daß im protestantisch bestimmten Klima der zeitgenössischen deutschen Philosophie, die für die innerkatholischen Turbulenzen jener Tage selten mehr als einen Blick der Verachtung übrig hatte, das Denken Blondels kaum wahrgenommen wurde, ist nicht verwunderlich. Blondel seinerseits vermied aber auch die damals kritischen gesellschaftspolitischen Diskussionsfelder des sozialen Katholizismus und der Auseinandersetzung mit den kirchlichen Kreisen um die »Action française« nicht.[9] Die ganze Dramatik dieser Jahre zeigen erst die posthum veröffentlichten umfangreichen Korrespondenzen.

Die letzten Jahre vor dem Ersten Weltkrieg stellen eine Zäsur in Blondels Schaffen dar: die binnenkirchlichen Konflikte verschärfen sich und führen zu Maßnahmen gegen seinen Freund Lucien Laberthonnière und zur Einstellung der gemeinsamen Zeitschrift »Annales de philosophie chrétienne«, die ihm für viele Veröffentlichungen als Sprachrohr gedient hatte. Die Selbstreflexion im Gefolge dieser Ereignisse führte zur erneuten Be

[7] Jetzt in: Les premiers écrits, S. 149–228.

[8] Vgl. dazu G. Larcher (1984) und A. Raffelt (1985).

[9] Vgl. vor allem die unter dem Pseudonym »Testis« veröffentlichte umfangreiche Aufsatzfolge: La »Semaine sociale« de Bordeaux. In: Annales de philosophie chrétienne 159 (1909/1910), S. 5–21, 163–184, 245–278, 372–392, 449–471, 561–592; 160 (1910), S. 127–162 nebst diversen weiteren Stellungnahmen.

tigung und Auseinandersetzung mit neuscholastischen Positionen, besonders derjenigen J. Maritains. Fragen der Erkenntnistheorie[10] bis hin zur Interpretation des Phänomens der Mystik[11] beschäftigten Blondel. Gesundheitliche Probleme, vor allem die fortschreitende Erblindung behinderten seine Arbeit. So entsteht langsam ein »Spätwerk«, das bei aller Einheit der Intention in manchem von den frühen Arbeiten geschieden ist.

Für das Studienjahr 1926/27 reichte Blondel ein Gesuch um vorzeitige Entlassung aus seiner Professur in Aix-en-Provence aufgrund seiner Sehschwäche[12] ein.

Erst in den beiden letzten Jahrzehnten seines Lebens veröffentlichte er (1934–44) unter solch erschwerten Bedingungen eine monumentale »Tetralogie« in sieben Einzelbänden: La pensée. I–II; L'Être et les êtres; L'Action. I–II [Neufassung, Teile der »ersten Action« sind im zweiten Band verwendet]; La philosophie et l'esprit chrétien. I–II.[13] Die Prägnanz und Frische des Frühwerks fehlen diesen Arbeiten verständlicherweise. Das erklärt zum Teil, daß sie wie erratische Blöcke weitgehend unausgewertet blieben.[14]

Blondel starb am 4. Juni 1949 in Aix-en-Provence.

2. Die philosophischen Aufsätze Blondels

Zwischen den Arbeiten im Grenzgebiet zur Theologie, den Stellungnahmen im modernistischen Streit und den nach der Zä-

10 Dazu J. Reiter (1989).

11 Dazu H. Wilmer (1992).

12 Vgl. M. Blondel: Carnets intimes. Bd. 2. Paris 1966, S. 234: »Demande anticipée de retraite pour cause d'infirmité visuelle«. Ebd. S. 231–234 findet sich eine Liste seiner Vorlesungen, die mit derjenigen in R. Virgoulay/Cl. Troisfontaines: Maurice Blondel. Bibliographie analytique et critique. Louvain 1975, Bd. 1, S. 222–225 zu vergleichen ist.

13 Alle Paris : Alcan bzw. jetzt P.U.F. — Auf dt. erschien nur: Das Denken. Übers. von R. Scherer. 2 Bde. Freiburg ; München 1953–56.

14 Vgl. P. Favraux (1990). — Frühere deutschsprachige Arbeiten zum Spätwerk Blondels sind die Dissertationen von W. Warnach (1939) und J. Kopper (1949), (1950/51) sowie die Artikel von A. Dempf (1953) und B. Welte (1955).

sur um den Ersten Weltkrieg entstandenen Arbeiten, die in den Bänden des Spätwerks gipfeln, ist in unserer Darstellung eine Lücke geblieben. Sie betrifft gerade die sonstigen philosophischen Aufsätze Blondels, die aus den genannten Gründen in der deutschen Rezeption keine angemessene Beachtung gefunden haben.[15] Dabei zeigen sie — neben der genannten »Lettre« von 1896 — am ehesten Blondels fachphilosophische Kompetenz zwischen seiner Thèse und dem Ende seiner ersten Schaffensperiode.

Solange gesundheitliche Probleme dies nicht verunmöglichten, war Blondel von Aix aus in den philosophischen Diskussionen der Hauptstadt als Korrespondent beteiligt. Das gilt für die Gespräche der »Société française de philosophie«[16] wie für deren von Lalande ediertes Wörterbuch, das mit Anmerkungen Blondels durchsetzt ist.[17]

Der Klärung der eigenen philosophischen Position sind nur wenige größere, aber für Blondels Philosophie wichtige Aufsätze gewidmet. Blondel hat sich in der Tradition der deutschen Philosophie gesehen. Daher ist es nicht verwunderlich, daß er bei Lasson ein adäquateres Verständnis fand als bei manchen — auch wohlwollenden — Zeitgenossen in Frankreich.[18] Der Untertitel von »L'Action« spielt auf Kants Kritiken und Hegels Wissenschaft der Logik an, und in der philosophiegeschichtlichen Rekonstruktion der spinozistischen Bewegung bis hin zu Schelling und Hegel und zum französischen Positivismus durch seinen Freund Victor Delbos[19] sieht Blondel eine Art Genealogie

15 Zu den deutschen Arbeiten zum Werk Blondels vgl. die Übersichten von U. Hommes (1962) und A. Raffelt (1989).

16 Vgl. im Bulletin de la Société française de philosophie vom Jahrgang 4 (1904) bis 12 (1912) die regelmäßigen und zwischen 1925 und 1936 sporadische Stellungnahmen Blondel. Eine Übersicht bieten Virgoulay/Troisfontaines, a.a.O., S.232–233.

17 Vocabulaire technique et critique de la philosophie. Paris [10]1968. Eine Übersicht der Beiträge Blondels bei Virgoulay/Troisfontaines, a.a.O., S. 228–232.

18 Zur Sache vgl. P. Henrici (1968), (1989).

19 Vgl. Victor Delbos: Le problème moral dans la philosophie de Spinoza et dans l'histoire du Spinozisme. Paris 1893. — Nachdruck: Paris 1990.

seines eigenen Denkens, eine Möglichkeit, seine Philosophie »topographisch«[20] zu interpretieren, wie es für neuzeitliches Philosophieren typisch ist. So ist es kein Zufall, daß einer seiner ersten größeren Aufsätze 1894 »L'évolution du Spinozisme«[21] darstellt, ausgehend von eben dieser Arbeit von Delbos, die eine Art philosophiehistorisches Zwillingsbuch zur »Action« ist. Die von Spinoza ausgehende Immanenzphilosophie, die ihre großen spekulativen Gestaltungen im Deutschen Idealismus findet, wird im französischen Positivismus — vor allem bei Hippolyte Taine — zu einer Methodologie umgewandelt. Infolgedessen ist für Blondel die Aufgabe der gegenwärtigen Philosophie, die »immanente Kritik« zum Aufweis der im menschlichen Tun immanenten Transzendenz zu verwenden — statt wiederum ideologisch aus der Methode eine Immanenzdoktrin zu machen.

1898 — zwei Jahre nach der oben schon genannten »Lettre« zur Frage der Religionsphilosophie und des Verhältnisses von Theologie und Philosophie — veröffentlicht Blondel »L'Illusion idéaliste«.[22] Anlaß ist die Kritik des Dominikaners M. B. Schwalm,[23] der ihn mit dem binnenkirchlich problematischen Etikett des »Kantianers«[24] versah. Blondel sucht darin sowohl einem sterilen Intellektualismus wie einem kruden Realismus oder blinden Pragmatismus zu entgehen, indem er die wechselseitige Abhängigkeit einseitiger Positionen aufweist und die Umrisse einer integrativen Theorie darstellt. Die Aufgabenstellung liegt in der Richtung des Spinozismus-Aufsatzes: »Jeder wirkliche Fortschritt der Philosophie wird darin bestehen, besser das Problem zum Ausdruck zu bringen, seinen Sinn einsichtiger

20 So die Terminologie von Heinrich Rombach: Die Gegenwart der Philosophie. Freiburg ²1964, S. 51.

21 Unten S. 3–39.

22 Unten S. 41–67.

23 Les illusions de l'idéalisme et leurs dangers pour la foi. In: Revue Thomiste 4 (1896), S. 413–441.

24 Zur »Konfessionalisierung« Kants in dieser Zeit vgl. auch Alois Winter: Kant zwischen den Konfessionen. In: Theologie und Philosophie 50 (1975), S. 1–37.

und zugänglicher zu machen, uns näher an seine Lösung heranzuführen — jenes Problem, das der Spinozismus in folgender unvollendeter Form offenließ: Wie kann das Denken zugleich ein Attribut in der Unendlichkeit der heterogenen Attribute des Seins sein und, als ob es allen homogen wäre, dem Sein angemessen werden?«[25]

Blondels Beitrag für den internationalen Philosophenkongreß 1900 in Paris ist eine kurze methodologische Skizze »Principe élémentaire d'une logique de la vie morale«,[26] die von einer Bemerkung Leibniz' in einem Brief an Th. Burnett[27] ausgeht: »Die Ethik [...] könnte auf eine solide und unbestreitbare Art begründet werden; aber um sie anwendbar zu machen, bräuchte es eine neue Art von Logik, die ganz verschieden von der bis jetzt vorhandenen wäre«. Blondel will zeigen, »wie eine Philosophie des Tuns (doctrine de l'action) die Logik des abstrakten Denkens erweitern und vervollständigen und dazu dienen kann, die Methodologie der Wissenschaften mit einer ›canonique générale‹ zu verbinden und so zu einer einheitlichen normativen Disziplin beizutragen«.[28] Der Artikel sucht die Gesetze einer solchen, die klassische Logik fundierenden Logik des Tuns zu skizzieren.

Daneben stellt Blondel in einer Anzahl eher populär gehaltener Aufsätze seine philosophische Arbeit in die Reihe der damals dominierenden lebensphilosophisch-pragmatischen Strömungen.[29] Er beruft sich dafür auf die Rede von Émile Boutroux auf dem Ersten Internationalen Kongreß für Philosophie

25 Vgl. unten S. 67.

26 Wiederabgedruckt in Les premiers écrits, S. 123–147.

27 G. W. Fr. Leibniz: Die philosophischen Schriften / Ed. C. J. Gerhardt. Berlin, 1887, Nachdruck Hildesheim 1965, Bd. 3, S. 183.

28 M. Blondel: L'Être et les Êtres : Essai d'ontologie concrète et intégrale. Nouv. éd. Paris 1963, S. 468.

29 Unter verschiedenen Pseudonymen. Vgl. Bernard de Sailly: Les »ingrédients« de la philosophie de l'action. In: Annales de philosophie chrétienne 151 (1905), S. 180–195; Ders.: La tâche de la philosophie d'après la philosophie de l'action. Ebd. 153 (1906), S. 47–59; Françcois Mallet: La philosophie de l'action. In: Revue philosophique 9 (1906), S. 227–252. Zum folgenden finden sich die Belege in dem erstgenannten Aufsatz.

in Paris 1900, in der dieser auf die Bedeutung der neuen Handlungsphilosophien hingewiesen hatte. Als Vorbereitung seiner Position führt er die konventionalistische Wissenschaftstheorie von G. Milhaud, P. Duhem, J.-H. Poincaré sowie der Bergson-Schüler J. Wilbois und É. Le Roy an, als Ahnen die spiritualistische Philosophie der Freiheit von F. Ravaisson, A. Gratry, L. Ollé-Laprune, als Parallele die einflußreiche »nouvelle philosophie« Henri Bergsons. In Italien findet er eine ähnliche Ausrichtung bei dem Kreis um die Florentiner Zeitschrift »Leonardo«, im angloamerikanischen Raum im Pragmatismus von F. C. S. Schiller und William James. Blondel reklamiert sogar für sich, seit 1890 »den Ausdruck ›pragmatisme‹ vorgeschlagen zu haben, um sich außerhalb des alten rollenden Käfigs von Idealismus und Realismus zu stellen«.[30]

Die Parallelen wurden auch von der anderen Seite — etwa von William James[31] – gesehen. Daß dennoch sachlich eine große Differenz gerade zum amerikanischen Pragmatismus besteht, war aber ebenso unübersehbar und z.B. auch von André Lalande 1906 in einem vielgelesenen Aufsatz betont[32] worden, woraufhin Blondel vorsichtiger mit diesbezüglichen Äußerungen war und die Etikettierung »Pragmatismus« vermied. Die immer schon mitgesagte Betonung der Eigenständigkeit seiner Position verstärkte sich daher — wie auch aus anderen, äußeren Gründen — immer mehr und führte dazu, die Grenzen gerade gegenüber nahestehenden Richtungen besonders hervorzuheben.

In diesen Zusammenhang gehört der grundlegende Aufsatz »Le point de départ de la recherche philosophique«,[33] der eine Auseinandersetzung mit der Philosophie Henri Bergsons beinhaltet und besonders mit dessen etwas früherer »Introduction

30 Les »ingrédients« de la philosophie de l'action, S. 188.

31 Das Vorwort zu Pragmatism (1907) weist auf die Aufsätze von Blondel und de Sailly (=Blondel) hin. Vgl. W. James: Der Pragmatismus : Ein neuer Name für alte Denkmethoden. Hamburg 1977 (PhB 297), S. XI.

32 Pragmatisme et pragmaticisme. In: Revue philosophique 61 (1906), S. 121–146. Die Annales de philosophie chrétienne 151 (1906), S. 666, wiesen auf diese Klarstellung hin.

33 Unten S. 69–127.

à la métaphysique«[34] verglichen werden kann. Blondel entwickelt in ihm »sein Philosophieverständnis erstmals von einer Analyse des Erkennens aus. [...] Philosophie ist [...] durchreflektiertes Begreifen des menschlichen Lebens in einem Gesamtzusammenhang — eine Reflexion, die möglich ist aufgrund der der Praxis immanenten › Logik des sittlichen Lebens‹, die sich aber eben deshalb auch immer wieder im wirklichen Tun bewähren muß. Reflexion und Prospektion treiben sich so wechselseitig voran, ›ohne daß sich die Spirale je zum Kreis vollenden kann‹. In diesem Zusammenhang schreibt Blondel den vielzitierten und vielgeschmähten Satz: ›An die Stelle der abstrakten und chimärischen *adaequatio speculativa rei et intellectus* tritt die methodische und berechtigte Erforschung der *adaequatio realis mentis et vitae.*‹ Daß Denken und Leben sich wechselseitig näherkommen und einander erhellen müssen, ist in der Tat die Grundthese Blondels«.[35]

In einigen philosophiegeschichtlichen Aufsätzen sucht Blondel sein Denken in Zusammenhang mit der klassischen Tradition besonders der französischen Philosophie zu stellen. Es sind — wie Henri Gouhier pointiert formuliert hat — »Monologe zu zwei Stimmen«, Beispiele einer »befragenden Historiographie«, die aber zum Verständnis Blondels wichtig sind und bei aller Bestreitbarkeit einzelner historischer Positionen originelle Perspektiven auf das Werk Descartes, Pascals, Malebranches und anderer eröffnen.[36]

[34] Vgl. Henri Bergson: Oeuvres. Paris 1963, S. 1392–1432. Dt. in Ders.: Denken und schöpferisches Werden : Aufsätze und Vorträge. Meisenheim 1948, S. 180–225, Neuübersetzung: Ders.: Einführung in die Metaphysik. Cuxhaven 1988.

[35] P. Henrici: Maurice Blondel (1987), S. 580. Vgl. unten S. 108.

[36] Vgl. Dialogues avec les philosophes / Préf. de Henri Gouhier. 1966.

3. Blondel und die philosophische Diskussion im 20. Jahrhundert

Hat Blondel seine Zeitgenossenschaft später aus diversen Gründen eher verschleiert, weshalb er in den Darstellungen des Pragmatismus und seines Umfelds nicht vorkommt,[37] so ist es doch leicht, ihn in die Szene zur Jahrhundertwende einzuordnen, zumal er dies selbst — wenn auch in eher populärer Form und pseudonym — bereits getan hat. Seine Eigenständigkeit gegenüber den von ihm angesprochenen Denkern besteht darin, daß er den objektiven Anspruch eines systematischen Philosophierens aufrechterhält und eine Integration der quasi irrationalen Momente psychologischer Analysen, eines lebensphilosophischen Intuitionismus und pragmatischer Tendenzen in seine »philosophie de l'action« versucht. Im Spätwerk verzichtet er deshalb auch auf die umgreifende Funktion dieser Bezeichnung und greift auf klassische Termini (mit der Dreiheit von pensée, action, être) zurück.

Der Versuch, sich der »philosophia perennis« einer sich erneuernden Scholastik anzunähern, der viele Spannungen auch im Blondelschen Systemgefüge bewirkt, ist ein Grund dafür. Eine Folge ist, daß umgekehrt sein Philosophieren auch zur Erneuerung und Selbsttranszendenz einer verengten Neuscholastik führt.[38]

Eine direkte Wirkung hatte Blondel über seine Schüler. Sie zeigt sich in der Gruppe um die »Études philosophiques«, wo Blondel seinerseits wiederum zahlreiche Gelegenheitsbeiträge zu den Arbeiten dieses Philosophenkreises mitgeteilt hat.[39] Es ist von Bedeutung, daß Blondel in diesem Zusammenhang Studien angeregt hat, welche frühzeitig die neuere deutsche Philosophie

37 Vgl. etwa zur Begriffsgeschichte E. Elling: Pragmatismus, Pragmatizismus. In: Historisches Wörterbuch der Philosophie. Bd. 7. Basel 1989, Sp. 1244–1249, wo für Frankreich nur Sorel und Bergson erwähnt werden.

38 Vor allem über die Linie der Jesuiten-Philosophen Pierre Scheuer, Joseph Maréchal, Karl Rahner u.a.

39 Vgl. die Liste bei Virgoulay/Troisfontaines, a.a.O., S. 233–234.

in Frankreich bekannt gemacht haben, so diejenige Husserls durch Gaston Berger. Aus dem Briefwechsel Blondels ist zu ersehen, daß er z.B. Martin Heideggers Tätigkeit schon in dessen Marburger Zeit wahrgenommen hat.[40] Henry Duméry hat gezeigt, daß sich der Einfluß Blondels in der französischen Philosophie der ersten Jahrhunderthälfte aber nicht auf diesen Kreis beschränkt hat,[41] und auf Beziehungen zum Idealismus Léon Brunschvicgs, zur »philosophie de l'esprit« von Le Senne (dem Lehrer Paul Ricoeurs), zum christlichen wie atheistischen Existentialismus, zur französischen Phänomenologie usw. hingewiesen.

Martin Heideggers Bemerkung gegenüber Duméry, er habe die »Action« in seiner Jugend bei den Jesuiten heimlich gelesen,[42] ist insofern sachlich nicht uninteressant, als Blondels Philosophie Ähnlichkeiten mit der phänomenologischen Vorgehensweise hat und Blondel in manchem mit Edmund Husserl verglichen werden kann.[43] Der Schritt Heideggers über Husserl hinaus zur Existentialontologie ist wiederum durchaus auch auf Anstöße durch Maurice Blondel beziehbar. Daß Heidegger nach dem Zweiten Weltkrieg Blondel für die größte philosophische Kapazität Frankreichs hielt, ist durch Äußerungen von ihm bezeugt. Die Interpretation der Blondelschen Philosophie durch Ulrich Hommes hat im übrigen die Nähe zur deutschen Phänomenologie besonders herausgearbeitet.[44] Aber auch in den Kontext einer Universal- bzw. Transzendentalpragmatik läßt sich

40 M. Blondel ; Auguste Valensin: Correspondance / Henri de Lubac (Hrsg.). Bd. 3. Paris 1965, S.142 (»philosophe, dont la réputation grandit«).

41 Blondel et la philosophie contemporaine. In: Études Blondéliennes 2 (1952), S. 71–141.

42 Mitgeteilt in Blondel et la philosophie contemporaine, S. 92, Anm. 1.

43 H. Duméry: Blondel et la philosophie contemporaine, S. 108f.: »Blondel fut, dans l'Action, le premier phénoménologue, il le fut à sa manière. Les mots ne doivent pas faire illusion. La phénoménologie de 1893 est peut-être du vocabulaire de Hegel, mais avec celui de Husserl, il y aurait la plupart du temps pure homonymie«.

44 U. Hommes (1972); (1989).

Blondel mit seinem Versuch, den Kantischen Kritiken eine »critique de la pratique« hinzuzufügen, durchaus als Gesprächspartner einbringen. Hundert Jahre nach seiner ersten umfassenden Darlegung in der »Action« ist Blondels Denken jedenfalls immer noch lebendig.

4. Zur Übersetzung und Redaktion

Die Übersetzung der drei Aufsätze Blondels benutzt die unten genannten Erstveröffentlichungen. Zum leichteren Vergleich sind jedoch — soweit erschienen — die Seitenzahlen der Nachdrucke auf der Innenseite des Kolumnentitels angegeben.

Eine Schwierigkeit stellt die Übersetzung der Kernbegriffe Blondels dar, vor allem des Wortes »action«. Die bisherigen Übersetzer haben verschiedene Lösungen versucht: A. Lasson spricht in seiner oben zitierten Rezension von »Tat«, andere haben — auf den Deutschen Idealismus zurückverweisend — »Tathandlung« (oder distanzierend »Thathandlung«) gesetzt. »Aktion« ist für den Titel des Buches verwendet worden. Wiederum andere Interpreten haben gar das französische »action« im Deutschen beibehalten. Sucht man eine Übersetzung, die bei den verschiedenen Stellen verwendbar ist, so bieten sich vor allem die Wörter »handeln« oder »tun« an, wobei beide unterschiedliche Vorteile haben.[45] Die ersten beiden Aufsätze folgen der ersten, der dritte der zweiten Lösung. Eine Vereinheitlichung der Terminologie wurde nicht versucht, um beide Möglichkeiten zur Diskussion zu stellen.

Griechischen und lateinischen Zitaten und Wendungen sind deutsche Übersetzungen beigegeben. Zitate — von Blondel oft recht frei eingebracht — wurden nach Möglichkeit verifiziert und belegt. Blondels Gliederungsbezifferungen sowie seine bibliographischen Angaben sind stillschweigend normalisiert wor-

[45] Vgl. zu dieser Frage auch A. Raffelt: Spiritualität und Philosophie (1978), S. 7f. Dazu auch H. Wilmer (1992).

den. Ergänzungen in den wenigen originalen Anmerkungen Blondels sind durch eckige Klammern, eigene Anmerkungen der Herausgeber durch entsprechende Hinweise gekennzeichnet worden.

LITERATURHINWEISE

1. Bibliographische Angaben zu den drei Aufsätzen

Bernard Aimant [=M. Blondel]: Une des sources de la pensée moderne : l'évolution du Spinozisme. In: Annales de philosophie chrétienne 128 (1894), S. 324–341; wiederabgedruckt in: M. Blondel: Dialogues avec les philosophes. Paris 1966, S. 11–40.

L'illusion idéaliste. In: Revue de métaphysique et de morale 6 (1898), S. 726–745; wiederabgedruckt in: M. Blondel: Les premiers écrits. Paris 1956, S. 97–122.

Le point de départ de la recherche philosophique. In: Annales de philosophie chrétienne 151 (1906), S. 337–360; 152 (1906), S. 225–249. — Der Aufsatz wurde bislang nur in spanischer Übersetzung wiederveröffentlicht: Maurice Blondel: El punto de partida de la investigación filosofica / Jorge Hourton (Übers.). Barcelona 1967. 89 S.

2. Bibliographien zum Werk Blondels

Die Werke Blondels einschließlich der Neuauflagen und Nachlaßpublikationen bis 1973 und die Sekundärliteratur bis 1975 sind in folgenden beiden Bänden nachgewiesen, in denen die Titel auch annotiert sind:

René Virgoulay ; Claude Troisfontaines: Maurice Blondel : Bibliographie analytique et critique. Louvain : Institut Supérieur de philosophie ; Éditions Peeters.

Bd. 1: Oeuvres de Maurice Blondel (1880–1973). 1975 (Centre d'Archives Maurice Blondel. 2).

Bd. 2: Études sur Maurice Blondel (1893–1975). 1976 (Centre d'Archives Maurice Blondel. 3).

3. Die wichtigsten Werke der ersten Schaffensperiode Maurice Blondels

Eine Gesamtausgabe der Werke Maurice Blondels, herausgegeben von Claude Troisfontaines, haben die Presses universitaires de France angekündigt. Bis zu deren Erscheinen sind folgende Ausgaben philosophischer Schriften aus der ersten Schaffenszeit Maurice Blondels zu nennen:

L'Action : Essai d'une critique de la vie et d'une science de la pratique. Paris : Alcan, 1893 bzw. P. U. F., ²1950 und ³1973. — Dt.: Die Aktion (1893) : Versuch einer Kritik des Lebens und einer Wissenschaft der Praktik / Robert Scherer (Übers.). Freiburg ; München : Alber, 1965; Auswahlausgabe: Logik der Tat / Peter Henrici (Übers.). Einsiedeln : Johannes-Verlag, ²1986

Le lien substantiel et la substance composée d'après Leibniz : texte latin (1893) / Introduction et traduction par Claude Troisfontaines. Louvain : Nauwelaerts ; Paris : Béatrice-Nauwelaerts, 1972 (Centre d'Archives Maurice Blondel. 1).

Les premiers écrits de Maurice Blondel : Lettre au directeur des Annales de philosophie chrétienne; Lettre sur les exigences de la pensée contemporaine en matière d'apologétique...; L'illusion idéaliste; Principe élémentaire d'une logique de la vie morale; Histoire et dogme; De la valeur historique du dogme. Paris : P. U. F., 1956. — Daraus deutsch: Geschichte und Dogma / Antonia Schlette (Übers.). Mit Einführungen von Johannes B. Metz und René Marlé. Mainz : Matthias Grünewald-Verlag, 1963; Zur Methode der Religionsphilosophie / Ingrid und Hansjürgen Verweyen (Übers.). Einsiedeln : Johannes-Verlag, 1974.

Dialogues avec les philosophes : Descartes — Spinoza — Malebranche — Pascal — Saint Augustin / Préface par Henri Gouhier. Paris : Aubier, 1966.

4. Chronologische Übersicht der deutschsprachigen Arbeiten über Maurice Blondel

Lasson, Adolf: Jahresbericht über Erscheinungen der philosophischen Literatur in Frankreich aus den Jahren 1891–1893. In: Zeitschrift für Philosophie und philosophische Kritik 104 (1894), S. 242–244.

Eucken, Rudolf: Religionsphilosophische Bewegungen innerhalb des französischen Katholizismus. In: Beilage zur Allgemeinen Zeitung (25. 6. 1897), S. 1–3

Schanz, Paul: Neue Tendenzen der philosophischen Apologetik. In: Theologische Quartalschrift 78 (1896), S. 402–428.

Schanz, Paul: Über neue Versuche der Apologetik gegenüber dem Naturalismus und Spiritualismus. Regensburg, 1897.

Pesch, Christian: Christenthum und Immanenzphilosophie. In: Ders.: Theologische Zeitfragen. Bd. 1. Freiburg, 1900 (Stimmen aus Maria Laach. 76), S. 107–114.

Schell, Herman: Religion und Offenbarung. Paderborn, 1901 (Schell: Apologie des Christentums. 1), S. XXI–XXIII.

Cartier, J.: Das literarische Leben in Frankreich im Jahre 1906. In: Literarische Rundschau für das katholische Deutschland 33 (1907), S. 241–248.

Pesch, Christian: Glaube, Dogmen und geschichtliche Tatsachen : Eine Untersuchung über den Modernismus. Freiburg, 1908 (Theologische Zeitfragen. 4).

Benrubi, Isaak: Die religiöse Bewegung der Gegenwart in Frankreich. In: Religion und Geisteskultur 3 (1909), S. 69–82.

Koch, W.: Zur Methode der Apologetik. In: Theologische Quartalschrift 91 (1909), S. 574–605.

Benrubi, Isaak: Die Renaissance des Idealismus in Frankreich. In: Deutsche Rundschau 149 (1911), S. 388–406.

Bessmer, Julius: Philosophie und Theologie des Modernismus. Freiburg, 1912

Gisler, Anton: Der Modernismus. Einsiedeln, 1912.

Holl, Karl: Modernismus. Tübingen, 1925 (Religionsgeschichtliche Volksbücher. 4,7).

Benrubi, Isaak: Philosophische Strömungen der Gegenwart in Frankreich. Leipzig, 1928, bes. S. 496–500.

Ueberweg, Friedrich: Grundriß der Geschichte der Philosophie / K. Oesterreich (Bearb.). Bd. 5. 12. Aufl. 1928, S. 62–65.

Przywara, Erich: Sein im Scheitern — Sein im Aufgang. In: Stimmen der Zeit, Bd. 123 (1923), S. 152–161.

Seiterich, Eugen: Wege der Glaubensbegründung nach der sogenannten Immanenzapologetik. Freiburg i. Br. 1938 (Freiburger Theologische Studien. 49).

Warnach, Walter: Die Idee einer realen Norm in der Seinslehre M. Blondels : Zum Problem von Sein und Freiheit. Innsbruck, 1938.

Warnach, Walter: Sein und Freiheit : Blondels Entwurf einer normativen Ontologie. In: Zeitschrift für katholische Theologie 63 (1939), S. 273–310, 393–427.

Brunner, August: Maurice Blondels Philosophie des Menschen. In: Stimmen der Zeit, Bd. 136 (1939), S. 273–283.

Hubert, Marguerite: Die Thematik des Lebenseinklangs in Pestalozzis Abendstunde eines Einsiedlers und in M. Blondels Aktion. Bern 1943.

Favre, A.: Ein katholischer Denker unserer Zeit : Maurice Blondel. In: Orientierung 13 (1949), S. 192–194.

Kopper, Joachim: Die Struktur der Metaphysik Maurice Blondels. Diss. Köln 1949.

Scherer, Robert: Nachruf auf Blondel. In: Wort und Wahrheit 4 (1949), S. 633–636.

Kopper, Joachim: Bemerkungen zur Metaphysik Maurice Blondels. In: Zeitschrift für Philosophische Forschung 5 (1950/51), S. 568–582.

Bouillard, Henri: Das Grundanliegen Maurice Blondels und die Theologie. In: Symposion 3 (1952), S. 403–469.

Chaix-Ruy, J.: Maurice Blondel oder die Dialektik des Denken. In: Antares 2 (1954), S. 18–27.

Dempf, Alois: Maurice Blondel. In: Philosophisches Jahrbuch 62 (1953), S. 285–290.

Welte, Bernhard: Maurice Blondel. In: Theologische Revue 51 (1955), Sp. 5–12.

Riefstahl, H.: Maurice Blondels Metaphysik der Polarität und Transzendenz. In: Antares 5 (1957), S. 25–32.

Marlet, Michael F. J.: Grundlinien der kalvinistischen »Philosophie der Gesetzidee« als christlicher Transzendentalphilosophie. München 1954 (Münchener Theologische Studien. S 8).

Burgelin, Pierre: Maurice Blondel. In: Die Religion in Geschichte und Gegenwart. 3. Aufl. Bd. 2. Tübingen 1957, Sp. 1324.

Henrici, Peter: Hegel und Blondel : Eine Untersuchung über Form und Sinn der Dialektik in der »Phänomenologie des Geistes« und in der ersten »Action«. Pullach 1958 (Pullacher philosophische Forschungen. 3).

Scherer, Robert: Maurice Blondel. In: Lexikon für Theologie und Kirche. 2. Aufl. Bd. 2. Freiburg 1958, Sp. 533–534.

Duméry, Henri: Die Ungeteiltheit des Geistes — Philosophische Strömungen der Gegenwart. Freiburg i.Br. ; München 1959. — (Regards sur la philosophie contemporaine, dt.).

Esser, Dietrich: Der doppelte Wille bei Maurice Blondel : Das Grundanliegen seines philosophischen Denkens. Werl 1961 (Franziskanische Forschungen. 16).

Henrici, Peter: Maurice Blondel als katholischer Philosoph. In: Orientierung 25 (1961), S. 229–231.

Scherer, Robert: Blondels philosophische Aktualität. In: Wort und Wahrheit 16 (1961), S. 774–777.

Hoffmann, Fritz: Das Glaubensmotiv. In: E. Kleineidam ; H. Schürmann (Hrsg.): Miscellanea Erfordiana. Erfurt 1962, S. 90–109.

Hommes, Ulrich: Maurice Blondel und die deutsche Philosophie der Gegenwart. In: Philosophisches Jahrbuch 69 (1962), S. 255–281.

Hommes, Ulrich: Zum Briefwechsel von Maurice Blondel. In: Philosophisches Jahrbuch 70 (1962), S. 436–441.

Scherer, Robert: Der philosophische Weg Maurice Blondels. In: Philosophisches Jahrbuch 69 (1962), S. 221–254.

Bouillard, Henri: Blondel und das Christentum. Mainz 1963. — (Blondel et le christianisme, dt.).

Saint-Jean, Raymond: Zum Denken Blondels. In: Theologische Revue 59 (1963), S. 289–296.

Henrici, Peter: Einleitung. In: M. Blondel: Tagebuch vor Gott. Einsiedeln 1964, S. 7–16.

Henrici, Peter: Glaubensleben und kritische Vernunft als Grundkräfte der Metaphysik des jungen Blondel. In: Gregorianum 45 (1964), S. 689–738.

Scherer, Robert: Philosophieren im Horizont des Glaubens : Die »Action 1893« von Maurice Blondel im Lichte der Geschichte. In: J. B. Metz u.a. (Hrsg.): Gott in Welt : Festgabe K. Rahner. Freiburg i. Br. : Herder, 1964, Bd. 2, S. 531–555.

Abate, Ottavia: L'Action. In: Kindlers Literatur Lexikon. Bd. 1. Zürich 1965, Sp. 89–90.

Hammans, Herbert: Die neueren katholischen Erklärungen zur Dogmenentwicklung. Essen 1965 (Beiträge zur neueren Geschichte der katholischen Theologie. 7).

Polzer, Gertrude: Kritik des Lebens : Das Menschenbild der Frühschriften Maurice Blondels. Würzburg 1965 (Forschungen zur neueren Philosophie und ihrer Geschichte. 16).

Polzer, Gertrude: Platons »Philebos« in Blondels »Action«. In: K. Flasch (Hrsg.): Parusia : Festschrift J. Hirschberger. Frankfurt a. M. 1965, S. 471–485.

Rahner, Karl ; Lehmann, Karl: Zu den Theorien und Erklärungsversuchen der Dogmenentwicklung. In: Mysterium salutis. Bd. 1. Einsiedeln 1965, S. 741–756.

Strolz, W.: Der Mensch in »Action«. In: Wort und Wahrheit 20 (1965), S. 397–400.

Bouillard, Henri: Logik des Glaubens. Freiburg i. Br. 1966 (Quaestiones disputatae. 29). — (Logique de la foi, dt.).

Seckler, Max: Maurice Blondel. In: Hans Jürgen Schultz (Hrsg.): Tendenzen der Theologie im 20. Jahrhundert. Stuttgart 1966, S. 74–79.

Henrici, Peter: Immanenzapologetik. In: Sacramentum mundi. Bd. 3. Freiburg i.Br. 1967, Sp. 173–174.

Reiter, Josef: Intuition und Transzendenz : Die ontologische Struktur der Gotteslehre bei J. Maritain. München 1967 (Epimeleia. 9), S. 199–205.

Henrici, Peter: Deutsche Quellen der Philosophie Blondels? In: Theologie und Philosophie 43 (1968), S. 542–561.

Henrici, Peter: Zwischen Transzendentalphilosophie und christlicher Praxis : Zur philosophischen Methode Maurice Blondels. In: Philosophisches Jahrbuch 75 (1968), S. 332–346.

Scannone, Juan Carlos: Sein und Inkarnation : Zum ontologischen Hintergrund der Frühschriften Maurice Blondels. Freiburg i. Br. ; München 1968 (Symposion. 27).

Frey, Christofer: »Natur« und »Übernatur« im französischen Sozialkatholizismus, exemplarisch dargestellt an Gedanken Blondels und Chenus. In: Zeitschrift für Evangelische Ethik 13 (1969), S. 274–290.

Frey, Christofer: Mysterium der Kirche — Öffnung zur Welt : Zwei Aspekte der Erneuerung katholischer Theologie. Göttingen 1969.

Schulz, Winfried: Dogmenentwicklung als Problem der Geschichtlichkeit der Wahrheitserkenntnis. Roma 1969 (Analecta Gregoriana. 173).

Waldenfels, Hans: Offenbarung : Das Zweite Vatikanische Konzil auf dem Hintergrund der neueren Theologie. München 1969 (Beiträge zur ökumenischen Theologie. 3), S. 61–68.

Barthelemy-Madaule, Madelaine: Bergson und Teilhard de Chardin. Olten 1970, S. 523–532. — (Bergson et Teilhard de Chardin, dt.).

Glässer, Alfred: Konvergenz : Die Struktur der Weltsumme P. Teilhard de Chardins. Kevelaer 1970 (Eichstätter Theologische Studien. NF 4).

Haas, Adolf: Teilhard de Chardin-Lexikon. Bd. 1. Freiburg i.Br. 1971 (Herderbücherei. 407), S. 129–130.

Henrici, Peter: Maurice Blondel als Leibniz-Schüler. In: Studia Leibnitiana Suppl. 5 (1971), S. 156–168.

Hommes, Ulrich: Philosophie der Action. In: Historisches Wörterbuch der Philosophie. Bd. 1. Basel 1971, Sp. 128–130.

Hommes, Ulrich: Transzendenz und Personalität : Zum Begriff der Action bei Maurice Blondel. Frankfurt 1972 (Philosophische Abhandlungen. 41).

Hulshof, Jan: Wahrheit und Geschichte : Alfred Loisy zwischen Tradition und Kritik. Essen 1973 (Beiträge zur neueren Geschichte der katholischen Theologie. 16).

Verweyen, Hansjürgen: Einleitung. In: M. Blondel: Zur Methode der Religionsphilosophie. Einsiedeln 1974, S. 13–100.

Hommes, Ulrich: Das Sprechen von Gott : Zum ontologischen Argument in Blondels Philosophie der Action. In: Analecta Anselmiana 4,1 (1975), S. 309–316.

Larcher, Gerhard: Maurice Blondels Traditionsverständnis als Antwortversuch auf geschichtstheoretische Grundprobleme im Modernismus. In: Georg Schwaiger (Hrsg.): Aufbruch ins 20. Jahrhundert : Zum Streit um Reformkatholizismus und Modernismus. Göttingen 1976, S. 23–42.

König, Otto: Was ist ein Dogma? Zur Diskussion zwischen É. Le Roy und M. Blondel um eine »pragmatische« Interpretation des kirchlichen Dogmas. In: Theologie und Philosophie 52 (1977), S. 498–524.

Henrici, Peter: Aufbrüche christlichen Denkens. Einsiedeln 1978 (Kriterien. 48).

Raffelt, Albert: Opfer und Selbstbejahung : Implikationen der »Immanenzapologetik« Maurice Blondels. In: Internationale katholische Zeitschrift 7 (1978), S. 323–339.

Raffelt, Albert: Spiritualität und Philosophie : Zur Vermittlung geistig-religiöser Erfahrung in Maurice Blondels »L'Action« (1893). Freiburg 1978 (Freiburger Theologische Studien. 110).

Menke, Karl-Heinz: Vernunft und Offenbarung nach Antonio Rosmini. Innsbruck 1980 (Innsbrucker Theologische Studien. 5).

Hooff, Anton van: Die Vollendung des Menschen : Die Idee des Glaubensaktes und ihre philosophische Begründung im Frühwerk Maurice Blondels. Freiburg i. Br. 1983 (Freiburger Theologische Studien. 124).

König, Otto: Dogma als Praxis und Theorie : Studien zum Begriff des Dogmas in der Religionsphilosophie M. Blondels vor und während der modernistischen Krise (1888–1908). Graz 1983 (Grazer Theologische Studien. 9).

Dulles, Avery: Das II. Vatikanum und die Wiedergewinnung der Tradition. In: E. Klinger ; K. Wittstadt (Hrsg.): Glaube im Prozeß. Freiburg i. Br. 1984, S. 546–562.

Larcher, Gerhard: Modernismus als theologischer Historismus : Ansätze zu seiner Überwindung im Frühwerk M. Blondels. Frankfurt a. M. 1984 (Europäische Hochschulschriften. 23. Reihe, 231).

Raffelt, Albert: Age ut intelligas : Eine Skizze zur pragmatischen Dogmenhermeneutik im französischen Modernismus. In: Werner Löser u.a. (Hrsg.): Dogmengeschichte und katholische Theologie. Würzburg 1985, ^{2}1988, S. 251–274.

Splett, Jörg: Dialektik des Tuns — Dialogik — Person-Sein in trinitarischer Analogie : L'Action (Blondel) als con-dilectio (Richard v. St. Victor)? In: Theologie und Philosophie 61 (1986), S. 161–175.

Verweyen, Hansjürgen: Die »Logik der Tat« : Ein Durchblick durch M. Blondels »L'Action« (1893). In: Zeitschrift für katholische Theologie 108 (1986), S. 311–320.

Henrici, Peter: Blondel und Loisy in der modernistischen Krise In: Internationale katholische Zeitschrift 16 (1987), S. 531–530.

Henrici, Peter: Maurice Blondel (1861–1949) und die »Philosophie der Aktion« (1987). In: Emerich Coreth u.a. (Hrsg.): Christliche Philosophie im katholischen Denken des 19. und 20. Jahrhunderts. Bd. 1. Graz 1987, S. 543–584.

Hooff, Anton van: Der Panchristismus : Innerer Bezugspunkt von Blondels L'Action. In: Zeitschrift für katholische Theologie 109 (1987), S. 416–430.

Marlet, Michael: Maurice Blondel. In: Karl-Heinz Weger (Hrsg.): Argumente für Gott. Freiburg 1987 (Herderbücherei. 1393), S. 72–76.

Menke, Karl-Heinz: Deontologische Glaubensbegründung. : A. Rosmini (1797–1855) und M. Blondel (1861–1949). In: Zeitschrift für katholische Theologie 109 (1987), S. 153–172.

Raffelt, Albert: Die Tat, der Glaube, die Vernunft : Eine Besinnung auf das Werk M. Blondels. In: Christ in der Gegenwart 39 (1987), S. 77–78.

Klawitter, Jörg: L'Action. In: Franco Volpi u.a. (Hrsg.): Lexikon der philosophischen Werke. Stuttgart 1988 (Kröners Taschenausgabe. 486), S. 2–3.

Theobald, Christoph: Maurice Blondel und das Problem der Modernität. Frankfurt 1988 (Frankfurter Theologische Studien. 35).

Bucej, Johannes: L'Action. In: Kindlers Neues Literaturlexikon. Bd. 2. München 1989, S. 796–797.

Henrici, Peter: Blondels »Action« im Lichte der klassischen deutschen Philosophie. In: Theologie und Philosophie 64 (1989), S. 161–178.

Hooff, Anton E. van: Die Innenseite des Modernismusstreits : Die persönliche Erfahrung Maurice Blondels — mehr als bloße Geschichte? In: Stimmen der Zeit, Bd. 207 (1989), S. 667–676.

Hommes, Ulrich: Blondels Phänomenologie des Willens im Lichte gegenwärtiger Erfahrung. In: Theologie und Philosophie 64 (1989), S. 179–198.

Raffelt, Albert: Blondel, deutsch : Übersetzungen und deutschprachige Arbeiten zum Werk Blondels. Eine Übersicht, in: Theologie und Philosophie 64 (1989), S. 237–251.

Raffelt, Albert: Maurice Blondel. In: Bernd Lutz (Hrsg.): Metzler Philosophen Lexikon. Stuttgart 1989, S. 111–113.

Reiter, Josef: Geist und Buchstabe : Blondels Verständnis konkret-lebendigen Erkennens. In: Theologie und Philosophie 64 (1989), S. 222–236.

Tilliette, Xavier: Die Vielfalt der christologischen Ansätze im Frühwerk Maurice Blondels. In: Theologie und Philosophie 64 (1989), S. 199–209.

Verweyen, Hansjürgen: Methodik der Religionsphilosophie : »L'Action« (1893) im Spiegel der »Lettre« (1896). In: Theologie und Philosophie 64 (1989), S. 210–221.

Favraux, Paul: Der spätere Blondel (1861–1949) und sein Einfluß. In: E. Coreth u.a. (Hrsg.): Christliche Philosophie im katholischen Denken des 19. und 20. Jahrhunderts. Bd. 3. Graz 1990, S. 384–410.

Raffelt, Albert: Über die Gottesfrage : Eine Meditation von Maurice Blondel. In: Geist und Leben 63 (1990), S. 31–38.

Verweyen, Hansjürgen: Gottes letztes Wort : Grundriß der Fundamentaltheologie. Düsseldorf 1991 (Register).

Wilmer, Heiner: Mystik zwischen Tun und Denken : Ein neuer Zugang zur Philosophie Maurice Blondels. Freiburg i. Br. 1992 (Freiburger Theologische Studien. 150).

MAURICE BLONDEL

Der Ausgangspunkt des Philosophierens

Drei Aufsätze

Eine der Quellen des modernen Denkens: Die Entwicklung des Spinozismus

Wenn der Spinozismus seit einigen Jahren, mehr als je zuvor in Frankreich, Gegenstand gründlicher Untersuchungen gewesen ist, so ist es zweifellos nicht müßig, den Ursachen des zunehmenden Interesses nachzugehen, das sich der *Ethik* und der Person ihres Autors selbst zugewandt hat. Beim Verstehen und Beurteilen dieser Bewegung wird uns ein soeben erschienenes Buch als Wegweiser dienen.[1] Aus der großen Zahl von Artikeln und Werken, die der Interpretation der Lehre Spinozas gewidmet sind, haben ohne Zweifel viele zum Verständnis des Systems und des Menschen Spinoza wertvolle Hilfen beigetragen.[2] | Keines erlaubt uns jedoch in demselben Maß wie das Werk von Delbos, bis zu jener Quelle — einer der wichtigsten für das moderne Denken — vorzudringen. Er läßt uns ihren Verlauf durch zwei Jahrhunderte Metaphysik verfolgen, die organische Entwicklung einer zusammenhängenden Lehre be-

[1] Victor Delbos: Le problème moral dans la philosophie de Spinoza et dans l'histoire du Spinozisme. Paris 1893, XII, 570 S. [Neuausgabe Paris : Presses de l'Université Paris Sorbonne, 1990 (Travaux et documents / Groupe de recherches Spinozistes. 3)].

[2] Um uns auf die wichtigsten in Frankreich während der letzten fünf Jahre erschienenen Studien über den Spinozismus zu beschränken: P. Malapert: L'amour intellectuel de Dieu d'après Spinoza. In: Revue philosophique 26 (1888), S. 245–258. — Frédéric Rauh: Quatenus doctrina quam Spinoza de fide exposuit cum tota ejusdem philosophia cohaereat. Diss. Sorbonne, verteidigt am 13. Februar 1890. — Léon Brunschvicg: La logique de Spinoza. In: Revue de métaphysique et de morale 1 (1893), S. 453–467. — René Worms: La morale de Spinoza. Paris 1892. — G. Noël: La Logique de Hegel et l'idéalisme absolu. In: Revue de métaphysique et de morale 2 (1894), S. 270–298, 644–675. — L. Lévy-Bruhl: Jacobi et le Spinozisme. In: Revue philosophique 37 (1894), S. 46–72. — André Godfernaux: De Spinoza psychologiae physiologicae antecessore. Diss. Sorbonne, verteidigt am 20. 4. 1894. — Léon Brunschvicg: Spinoza. Paris 1894.

greifen, deren immer noch gegenwärtigen und mehr denn je aktuellen Reiz würdigen. Im Licht seiner Arbeit fügt sich diese Lehre in den Fluß der höchst lebendigen Ideen ein, aus denen die Philosophie von morgen hervorgehen wird, klärt und rundet sich ihr Sinn ab und wird sie durch den Aufweis ihrer sämtlichen Konsequenzen dahin geführt, sich selbst zu beurteilen und zu überschreiten.

Auf die äußeren Qualitäten des Buchs braucht nicht eigens eingegangen zu werden. Sie leuchten durch sich selbst jedem auf, der in der kraftvollen und doch nüchternen Strenge der Formulierungen den Widerhall eines bleibend Gültigen wahrzunehmen vermag. Auch auf die umfassende Kenntnis der Philosophiegeschichte, das klare, kritische Urteil, die konsequente Methode in der Darstellung des komplexen Zusammenhangs von Denkansätzen werde ich nur insoweit zu sprechen kommen, als es der jeweils behandelte Gegenstand erfordert. Denn es geht nicht einfach um die Genauigkeit des Kommentars, den Reichtum an Information, den Geist, der für eine methodische Untersuchung der großen Systeme und ihrer Beziehungen zueinander leitend sein muß. Meine Intention richtet sich in der Tat weniger auf den historischen Wert dieses Werks als auf die Bedeutung des Problems, das hier zur Sprache kommt, und die Tragweite der Lösungen, die das Werk vorbereitet. Ich suche darin also keine getreue Wiedergabe toter Lehren, nehme vielmehr das ununterbrochene Wirken des Lebens wahr, die Kontinuität des großen und vergeblichen, schon geleisteten und fortdauernden Versuchs der menschlichen Vernunft, sich aus eigener Kraft eine geistige Bleibe zu schaffen. Mein Augenmerk liegt auf dem stetigen Fortschritt eines Denkansatzes, der, zunächst auf eine Ethik beschränkt, schließlich das gesamte Problem der Metaphysik einbezogen hat und eine Lehre vom Sein und vom Leben geworden ist, bevor er die ethischen Problemstellungen neu aufgeworfen hat, von denen er ausgegangen war.

Wenn Delbos also in einer persönlichen Schlußfolgerung zu einer Wertung des Spinozismus gelangt, so ist diese Wertung aus der Bewegung hervorgegangen, die er zur Darstellung bringt:

Weit davon entfernt, von außen an die Ideen herangetragen zu sein, deren Entfaltungen sie miteinander verbindet, erscheint seine Methode als die vollendete Gestalt der geistigen Entwicklung, die diese Methode ins Recht setzt. Er hat sich das Recht | zu urteilen erobert. Und hier handelt es sich in der Tat um eine Eroberung; denn man hatte dieses Recht entweder bestritten oder es im Mißbrauch usurpiert. Indem sie das organische Wachstum der Lehre, auf die sie sich erstrecken, ergänzen, werden seine Urteile so Teil der Wahrheit und Geschichte. Mehr noch: Sie legen den Grund und geben die Begründung ab für eine neue Form der Kritik, sie bereiten eine Erneuerung der gesamten philosophischen Problemstellung vor. Darüber hinaus geht es hier nicht nur um einen kurzen Überblick über die Entwicklung des Spinozismus. Diese Studie ist im wesentlichen nach vorn gerichtet, unter der Perspektive, die dem zeitgenössischen Denken seine Orientierung zu geben scheint, auf Konsequenzen hin, die im Gegensatz zu den Schlußfolgerungen stehen, welche — von ihrer schlechtesten Seite her gesehen — der Rationalismus als seine Errungenschaft betrachtet hat.

Unter dieser Zielsetzung werde ich auf drei Punkte näher eingehen. — 1. Da Spinoza als erster in der Moderne in einer radikalen Gestalt das Prinzip aufgestellt hat, daß der Geist in und durch sich allein die ganze Wahrheit finden kann, die für das Leben notwendig ist, werde ich diese Konzeption einer rationalen Synthese der Dinge untersuchen, die allein zu dem Zweck unternommen wurde, den Sinn und die Gesetze der Bestimmung des Menschen zu entdecken. — 2. Sodann werde ich zeigen, wie diese Leitidee des Spinozismus so der Anpassung und Erweiterung fähig war, daß sie immer mehr verschiedene Gestalten des Denkens und des Lebens umgriff, heterogene und widerspenstige Elemente in sich aufnahm und selbst in originären Systemen wiedererstand, die nach und nach den Sinn jener Leitidee auszuschöpfen schienen. — 3. Schließlich werde ich die letzten Transformationen aufzeigen, die das Denken Spinozas — in völliger Konsequenz zu dem Gesetz seines Fortschritts — bereits erlaubt hat und weiterhin hervorruft. Der Begriff *Immanenz,* den jener Rationalismus, der »das moderne Denken«[3] in Beschlag nehmen möchte, zur Grundlage und sogar zur Bedingung jeder Philosophie erhoben hat, schließt keineswegs aus, sondern verlangt — sofern nur völlig zu Ende gedacht — die transzendenten Wahrheiten, denen gegenüber er zunächst als durchaus feindselig erschien. Gerade dies paradox anmutende Neue gilt es vor allem ans Licht zu bringen.

So wohlwollend es dem Spinozismus gegenüber erscheint und so sehr es von der Größe und der Bedeutung eines Systems durchdrungen ist, von dem man sagen konnte, daß es das wichtigste Ereignis des modernen Denkens ist: das Werk von Delbos ist weit davon entfernt, ›spinozistisch‹ zu sein. Aufgrund eben dieser Einfühlungsgabe gibt der Verfasser all solchen keine Handhabe, die — von einer bloß oberflächlichen oder verfrühten Kritik unter dem Zauber einer Lehre belassen — im Hinblick auf diese Lehre behaupten, daß, wenn man nach einem Versuch, sie zu verstehen, ein Urteil über sie aussprechen wolle, | dies hieße, sie nicht wirklich verstanden zuhaben. Der Autor zeigt, daß die wirksamste Weise, eine große Philosophie zu diskutieren, nicht darin besteht, von außen auf sie zu reagieren, sondern unerschrocken in sie einzudringen und noch weiter vorzustoßen, als sie gegangen ist. Er beweist, daß — nach einem Wort Malebranches — das Licht immer noch das sicherste ist und die Spekulation fähig, den Gefahren einer unvollständigen Spekulation abzuhelfen, weist auf, daß die Gründe, von denen das volle Verständnis des Spinozismus und seine gegenwärtige Konjunktur abhängt, dieselben sind, die es erlauben, sein Ungenügen zu erkennen und ihn zu überschreiten. Auf diese Weise bestätigt er den Gedanken Hegels: »Die Philosophie erfaßt die Dinge erst in dem Augenblick, wo sie genug organi-

[3] Anspielung auf Léon Brunschvicgs Rezension von Blondels L'Action in: Revue de métaphysique et de morale (1893), Suppl., wieder abgedruckt in: Études Blondéliennes 1 (1951), S. 99: »Der moderne Rationalismus ist durch die Analyse des Denkens dahin gelangt, den Begriff der Immannenz zur Grundlage und sogar zur Bedingung jeglicher philosophischen Lehre zu machen«. (Anm. d. Hrsg.)

siert sind, um Objekt des Bewußtseins sein zu können, und folglich in dem Moment, wo sie in ihrem Niedergang begriffen sind. Der Vogel der Minerva beginnt erst mit der einbrechenden Dämmerung seinen Flug«.[4] Es wird Zeit, die Lehre Spinozas in diesem Sinn zu verstehen und diesem neuen Flug des Denkens zu folgen.

I.

Wie ist Spinoza in der *Ethik* zu seinem Ausgangspunkt gekommen? — Die Methode der Darlegung und Beweisführung eines ausgebildeten Systems bleibt nicht immer in der Spur, den die Methode des Zugangs genommen hat. Das gilt hier besonders. Wenn die Lehre auch von Anfang an einen deduktiven und synthetischen Weg nach Art einer Geometrie der Ethik verfolgt, so setzt sie doch — ohne das zum Vorschein zu bringen — die vorgängige Arbeit einer analytischen Regression voraus. Gerade diese versteckte Arbeit gilt es zu erkennen, indem man das System nach der Ordnung nicht seiner offensichtlichen Notwendigkeit, sondern der verborgenen Finalität auslegt, die unsichtbar seinen Fortschritt leitet.

1. — Das *primum movens* des Forschens Spinozas ist das Vorhaben, das Problem der menschlichen Glückseligkeit zu lösen, und zwar mit Hilfe des Denkens allein. Auf der einen Seite

[4] Der Originaltext Hegels, den Blondel zusammenzieht, lautet: »Als der Gedanke der Welt erscheint sie [die Philosophie] erst in der Zeit, nachdem die Wirklichkeit ihren Bildungsprozeß vollendet und sich fertig gemacht hat. Dies, was der Begriff lehrt, zeigt notwendig ebenso die Geschichte, daß erst in der Reife der Wirklichkeit das Ideale dem Realen gegenüber erscheint und jenes sich dieselbe Welt, in ihrer Substanz erfaßt, in Gestalt eines intellektuellen Reichs erbaut. Wenn die Philosophie ihr Grau in Grau malt, dann ist eine Gestalt des Lebens alt geworden, und mit Grau in Grau läßt sie sich nicht verjüngen, sondern nur erkennen; die Eule der Minerva beginnt erst mit der einbrechenden Dämmerung ihren Flug.« G.W.F. Hegel: Grundlinien der Philosophie des Rechts. Vorrede. Hamburg [4]1955=1967 (PhB 124a), S. 17. (Anm. d. Hrsg.)

schließt er aus seiner Untersuchung »eine Unzahl von Dingen« aus, »um nur diejenigen zu erklären, die uns gleichsam an der Hand zur Erkenntnis der Seele des Menschen und seines höchsten Glücks führen können«.[5] Damit ist der Keim zu einem radikalen | Anthropomorphismus gelegt. Auf der anderen Seite nimmt er nicht nur an, daß das Problem der Moral den verschiedenen Wissenschaften ihre Einheit zu geben habe, sondern, daß die damit konstituierte Wissenschaft dem Leben genüge; daß die erkannte Wahrheit, ohne äußeren Zusatz, die ganze Lösung erbringe; daß das angemessene Denken die Glückseligkeit einbeschließe. Auf diese Weise ist das Prinzip eines absoluten Monismus gesetzt.

Die Konsequenz ist, einerseits, daß man im Spinozismus die Bedeutung der ethischen Interessen kaum überschätzen kann. Sie sind dominant, um nicht zu sagen exklusiv. Es handelt sich um eine Ethik. Andererseits kann man sich nicht genug vor der Versuchung zu einer Interpretation oder Beurteilung des Systems nach Vorstellungen des unmittelbaren Bewußtseins, nach praktischer Rechtmäßigkeit oder einer äußeren Disziplin hüten. Damit ginge man das Studium Spinozas in genau verkehrter Richtung an. Man würde ihm so eben den Begriff von Moralität unterstellen, den er gerade umwandeln möchte. Da alles dem Problem der Moral untergeordnet ist, folgt tatsächlich daraus — auf dem Wege eines unvermeidlichen Umkehrschlusses –, daß das Problem der Moral alles wird und die *Ethik* einen ontologischen Charakter annimmt. Aus dem Bestandteil, der sie zu sein schien, ist sie so zum Totalgehalt geworden. Das Problem Moral hat so gründlich das Problem Metaphysik absorbiert, daß es als einzig verbliebene Frage Antwort auf die gesamte spekulative Wißbegier des Geistes gibt. Auf diese Weise absorbiert in letzter Instanz die Frage der Metaphysik die Frage der Moral. So hat der Monismus implizit Einlaß gefunden — wie eine Notwendigkeit, über die man nicht diskutiert, weil man

[5] B. Spinoza: Opera / Ed. J. Van Vloten und J. P. N. Land. Den Haag 1882, Bd. 1, S. 76 [Ethica. 2, Eltg.]. Vgl. 1, S. 6 [Tractatus de intellectus emendatione].

sie nicht einmal bemerkt. Ist in der Tat nicht offensichtlich die besondere Lösung des menschlichen Problems wirklich einbegriffen in der universellen Wahrheit, wie der Teil im Ganzen enthalten ist? Und scheint es infolgedessen nicht klar, daß die integrale Erkenntnis dessen, was ist, die Teilfrage durch Unterordnung unter die Gesamtlösung zur Antwort führen wird?

Durch das Denken das begreifen, was uns selbst in der Wirklichkeit umgreift; jene universelle Wahrheit wiederfinden, die unsere Individualität gründet, und zwar durch einen Aufweis in der Form der Notwendigkeit und Ewigkeit: das also ist, für Spinoza, das Wahre, das Gute, die Freiheit, die Glückseligkeit. Das menschliche Handeln [action] ist nicht ein Reich im Reiche, ein Ganzes neben einem Ganzen. Die Lösung des durch dieses Handeln gestellten Problems existiert tatsächlich. Wir haben sie daher nicht zu erfinden, sondern sie zu entdecken und wiederzuerkennen. Es ist keine praktische, sondern eine intellektuelle Lösung, die das | Problem der Praxis erfordert. Der Verstand ist das Mittel zum Heil; die erkannte Wahrheit macht für sich allein das ganze Glück aus, und diese Wahrheit findet der Mensch in sich und durch sich als den adäquaten Ausdruck seiner eigenen individuellen Wesenheit. Die einzige Moral besteht darin, uns in die universelle Einheit wieder einzugliedern, die alle Gestalten des Denkens und des Lebens gleichermaßen umschließt. Und die Ethik hat daher — indem sie eine Frage, die, direkt angegangen, unlösbar wäre, umwandelt und umkehrt — als Aufgabe, die Lösung des Ganzen zur Lösung des Humanum zu erheben.

2. — Sobald man in das Geheimnis dieser vorgängigen Arbeit der Regression eingedrungen ist, gibt es in der fortschreitenden Entfaltung der spinozistischen Lehre nichts mehr, was nicht mit einer durchaus geometrischen Einfachheit und Klarheit abläuft. Die *Substanz* und das unendliche *Objekt,* das alles Denken und alle Wirklichkeit umschließt, weil es total ist, wird folgerichtig als die unbestreitbarste Affirmation gesetzt. Es geht dann einzig darum, all die dem Anschein nach bestehenden Negationen, die die notwendige Einheit der Substanz nicht zu kennen oder sie zu trennen scheinen, wieder dorthin zu bringen:

all die Illusionen, durch die wir uns vormachen, daß wir vom Ganzen getrennt seien, daß unser Handeln so etwas wie eine »Schöpfung aus dem Nichts« sei und unsere vergängliche Leidenschaft, unabhängig zu sein, wirklich das konstituiere, was es an Absolutem und Substantiellem in uns gibt.

Alles was wahr ist, ist wahr und gut in dem Maße, wie es ist. Alles was ist, wird falsch und schlecht in dem Maße, wie wir es vom Sein [Être] ablösen und ihm ein imaginäres und isoliertes Sein [être] zuschreiben. Diese Illusion ist selbst durchschaubar, und von dem Augenblick an, wo sie explizit gemacht wird, löst sie sich auf, ohne etwas von sich zurückzulassen. Mehr noch, die Bewegung, die den Irrtum auflöst und die Leidenschaft unterdrückt, ist selbst Wirkung einer Notwendigkeit, nämlich der Notwendigkeit einer Entwicklung oder eines *Werdens* im Sein.

Wie nun die grundlegende Illusion darin lag, dem Individuum eine vom Sein unabhängige Realität zuzusprechen, so besteht die entscheidende Wahrheit darin, die Realität des Individuums eben in der Entfaltung des Seins zu gründen. Völlig zu Unrecht würde man also die Lehre des Spinoza als feindlich gegenüber jeder Definition des Individuellen interpretieren. Das Ziel der Erkenntnis besteht nach ihm vielmehr gerade darin, »die besondere affirmative Wesenheit« [l'essence particulière affirmative] zu erreichen, und die absolute Operation des Geistes darin, sich mit der Wahrheit der je besonderen Existenz zu vereinigen. So läßt uns Delbos weit genug in den Geist des Spinozismus eindringen, daß uns von nun an diese | neue und kühne Interpretation — hinsichtlich einer Frage, die den Kommentatoren oft zu schaffen gemacht hat — als durchaus konform mit dem eigentlichen Sinn des Systems erscheint.

Auch mit Rücksicht auf einen letzten Punkt, der die kreisförmige Entwicklung der Lehre abschließt, sind wir nun zur Lösung des scheinbaren Widerspruchs vorbereitet, den man Spinoza zuweilen vorgeworfen hat. Gott scheint sich nach seiner Definition im ersten Buch der *Ethik* — als die unendliche Substanz und das Totalobjekt [objet total] — von dem Gott zu unterscheiden, wie ihn das fünfte Buch vorstellt — als der Ursprung unserer geistigen Liebe und unserer Glückseligkeit. Das liegt daran, daß zwischen diese beiden Bestimmungen die Entfaltung des menschlichen Lebens eingeschoben ist sowie der dialektische Progreß, der dem absoluten Sein das ewige Denken entnimmt und Gott zum Ausdruck bringt, »nicht sofern er unendlich ist, sondern sofern seine Natur durch das Wesen des menschlichen Geistes, unter dem Gesichtswinkel der Ewigkeit betrachtet, ausgedrückt werden kann«.[6] Allein die Individuen können in der Tat das unendliche Sein zum Ausdruck bringen, ohne es zu begrenzen. Indem er Gott die Erkenntnis der Einzeldinge zu- und die Erkenntnis der Universalien abspricht,[7] sieht Spinoza die Funktion des göttlichen Denkens darin, in sich Individuen zu konstituieren; und es erkennt sich nur in ihnen. Der tiefgreifenden Interpretation zufolge, die Delbos vom Denken Spinozas vorlegt, gibt es also gleichen Wesens mit dem Gott, der von Ewigkeit her *ist*, einen Gott, der von Ewigkeit her *wird*. Durch die Vermittlung des Menschen geht dieser erkannte und geliebte Gott aus dem wirklichen Gott hervor, der zunächst der Erkenntnis und der Liebe gegenüber als fremd erschienen war, obwohl er sie bereits umgriff. Unsere Moralität ist nicht nur unser Leben in Gott, vielmehr das Leben Gottes selbst. Das Problem Mensch, dem anfangs das Gesamtproblem untergeordnet zu sein schien, zeigt sich von nun an als ein wesentliches Element in der Lösung des Gottesproblems. So wird schließlich der Anthropomorphismus Spinozas das Wesen seines Monismus. Dies gilt es nun genau zu verstehen, handelt es sich ja um den Punkt, der die Schwäche des Spinozismus ausmacht und ihn zur Inkonsistenz verurteilt, der zugleich aber seine Chance bedeutete, insofern er die lange und reiche Denkentwicklung ermöglicht hat, dessen Ausgangspunkt der Spinozismus gewesen ist.

3. — Wie Delbos bemerkt, »läßt Spinoza im Sein selbst [Être] | die Notwendigkeit einer Entwicklung zu, auch ohne sie vielleicht zu deduzieren, und setzt er sie dort, ohne sie zu erklä-

[6] B. Spinoza: Ethica. V, prop. 36. Ed. van Vloten/Land, Bd. 1, S. 272.

[7] Ebd., Bd. 2, S. 489 [Cogitata metaphysica. II, cap. 7: »Nos autem contra Deo singularium cognitionem tribuimus, universalium denegamus«].

ren«. Warum? Kurz gesagt, weil selbst in dem Augenblick, wo er von der behaupteten Substanz [Substance] alle menschliche Bestimmung auszuschließen schien, er diese — unter der Vorherrschaft seines Interesses an der Ethik — noch als ein Seiendes [être] begriff, das sich ereignet oder wird, als ein lebendes und handelndes Subjekt.

So war — um die Substanz zum ersten Prinzip zu erheben — es zunächst notwendig, durch eine subtile Unterschiebung dem Ich, das wir sind, das Geheimnis der Affirmation zu entleihen, von der man vorgibt, daß man sie in keiner Weise vom Ich abhängig mache. Man bindet damit sozusagen nicht den Modus an die Substanz, sondern die Substanz an den Modus an. Und der gesamte Fortschritt des deutschen Idealismus hatte die Rechtfertigung der Bemerkung Schellings zum Ergebnis: »Die Philosophie hat ihr ἓν καὶ πᾶν in der autonomen Affirmation des Ich gefunden. Von dieser Affirmation hat sie gelebt, selbst wo sie sich dessen nicht bewußt war; und Spinoza hat, ohne es zu wissen, das Nicht-Ich unter der Form des Ich begriffen, als er es zum absoluten Prinzip erhob«.[8]

Damit noch nicht genug. Allein schon dadurch, daß Spinoza seine gesamte Spekulation auf das Vorhaben gründet, das Problem Mensch zu lösen, beschränkt er sich nicht darauf, in die Auffassung des unendlichen Objekts die Elemente der Definition einzubringen, die er heimlich der Vorstellung des Subjekts entlehnt; er vermenschlicht dieses Subjekt sogar unbemerkt. Indem er die Moralität zum Prinzip der ganzen Explikation macht,

[8] Blondel zitiert frei V. Delbos' Zusammenfassung, a.a.O., S. 302. Dort wird auf Schellings Schrift Vom Ich als Prinzip der Philosophie verwiesen, in: F. W. J. Schelling: Sämtliche Werke. 1. Abtlg., 1. Bd. 1856 [Nachdruck Darmstadt 1975], S. 167–170, 176–177, 179–182, 193 (Originalpaginierung). — S. 193: »Im Ich hat die Philosophie ihr "Εν καὶ πᾶν gefunden, nach dem sie bisher als dem höchsten Preise des Siegs gerungen hat«. S. 207: »daß jeder, der es versucht das absolute Ich in Gedanken aufzuheben, sich alsobald genöthigt fühlt das Nicht-Ich selbst zum Ich zu erheben. (Wie dieß auch bei Spinoza der Fall war)«. — Die einzelnen Bestandteile des »Zitats« finden sich sozusagen nur sachlich in einzelnen Passagen, die Delbos zusammengefaßt hat. (Anm. d. Hrsg.)

läßt er die Ethik in der Metaphysik aufgehen. Indem er das Menschliche in Gott hinein projiziert, gelingt es ihm, das Göttliche in den Menschen zu setzen. Um das Sein des Relativen auszuschalten, setzt er das Relative ins Absolute. Umgekehrt aber entgeht er bei dem Versuch, dem Absoluten des Werdens zu entkommen, nicht der Notwendigkeit, das Werden des Absoluten zu setzen. Und so wird er dazu gebracht, ohne weitere Rechtfertigung das *Werden* ins Sein [Être] einzuführen.

Die Umkehrung der Rollen impliziert eine Konsequenz, auf die es zu achten gilt. Die Absicht des Spinozismus ist, alles intelligibel zu machen und das Problem des Daseins und des Lebens allein durch die Anstrengung des Verstandes zu lösen, unter Ausschluß der anthropomorphen Bestimmungen der Sinnlichkeit oder des Bewußtseins. Das Gesetz des menschlichen Geistes [intelligence] besteht nun aber einmal darin, sich stets ein Ziel außerhalb seiner selbst zu setzen und finalistisch zu sein. Spinoza jedoch betrachtet die Intelligibilität genau in Gestalt einer internen Beziehung und geometrischen Synthese, die jede Finalität ausschließt. So entzieht er | — in der Absicht, die Dinge den menschlichen Einschränkungen des Verstandes zu entziehen — den Verstand selbst dem, was er als die absoluten Bedingungen der Intelligibilität angibt: *Nihil est quod non sit intelligibile nisi ipse intellectus* [Nichts ist unerkennbar als der Intellekt selbst]. Um die Einzelgegebenheiten nicht zum Absoluten zu erheben und sie nicht auf unseren Gesichtspunkt zu ziehen, demzufolge sie als getrennt erscheinen, erhebt er das zum Absoluten, was relativ im Hinblick auf dieses Relative selbst ist; um nicht dem Anthropomorphismus des erkennenden Subjekts zu verfallen, fällt er unversehens in einen Anthropomorphismus, der subtiler ist — weil besser unter dem Anschein seines Gegenteils versteckt — und gefährlicher — weil man weniger vor ihm auf der Hut ist –, nämlich in den Anthropomorphismus des erkannten Objekts, des Objekts, das von vornherein als das absolute Prinzip des Ganzen gesetzt ist.[9]

[9] Ebendies bemerkte Schelling, wenn er Spinoza vorwarf, »sich auf den Realismus der vorangehenden Systeme zu stützen, indem er die Einheit als

Es ist die äquivoke Theorie des *Attributs,* wo sich dieses Problem besonders bemerkbar macht und wo sich diese Zweideutigkeit offenbart. In ihrer Darstellung greift diese Theorie auf ebendie Schwierigkeiten zurück, denen sie begegnen soll. Wenn man will, daß die Ethik Bestand hat und der Mensch der Glückseligkeit fähig sei, dann muß die Wahrheit für uns mit der Wahrheit an sich identisch sein, dann muß die Erkenntnis von auch nur einem oder zweien in der unendlichen Zahl der Attribute, die die Vollkommenheit des Seins [Être] ausmachen, adäquat die Substanz [Substance] selbst zum Ausdruck bringen, die ja ganz einem jeden der Attribute gegenwärtig ist. Spinoza zufolge sind wir endliche Modi, die in der unendlichen Substanz einbegriffen sind, d. h. je besondere Ideen, die in der ewigen Wahrheit enthalten sind; und die Übersetzung — obschon unserer Erkenntnisfähigkeit angepaßt — ist seiner Behauptung nach von einer absoluten Exaktheit. Doch das ist der heikle Punkt. Wir kennen nur zwei Attribute, die Ausdehnung und das Denken; und dennoch kann und soll dieses Denken in uns allem Sein adäquat werden. Es übersetzt, es enthält in sich sogar die Attribute, die es nicht kennt; es hat eine göttliche Fülle, es bewahrt seine menschliche Grenze. Die Befreiung des Menschen führt zur Glückseligkeit nur, wenn sie vollständig ist; vollständig ist sie nur durch die Angleichung unseres Lebens an das ewige Leben, unseres Individuums an das | unendliche Sein. Dennoch, selbst angenommen, es wäre uns gelungen, alles, was wir sind, ins Sein zu redintegrieren, so bleibt uns immer noch, das unbegreifliche Mysterium von all dem auszuhalten, was wir nicht sind, das Geheimnis der unerkennbaren Attribute, von denen wir nicht einmal eine Vorstellung haben. Spinoza bringt also durch einen unbemerkten Kunstgriff zwei Probleme zur Deckung, deren fehlende Deckungsgleichheit zu zeigen er dennoch nicht umhin kann. Er bestreitet und behauptet zur glei-

eine Substanz setzt und nicht erklären kann, wie die Substanz zu ihrer Form gelangt, das heißt ihrer Intelligibilität« [Blondel zitiert hier in Wirklichkeit eine Zusammenfassung von Delbos, a.a.O., S. 404]. Vgl. Schelling: Über das Wesen der menschlichen Freiheit, S. 349–350.

chen Zeit, daß der Mensch mit demselben Zug, in dem er alles, was er ist, erkennbar macht, alles, was ist, erkennbar macht. Sein zugestandener Pantheismus ist nichts als, wenn man so sagen darf, ein verkappter »Pananthropismus«.

Am Endpunkt dieser Lehre, die mit so tiefgehender Verachtung allen Anthropomorphismus zu eliminieren scheint, findet sich also das Stigma wieder, das die vorrangige Beschäftigung mit dem Problem Mensch der Arbeit von Anfang an aufgedrückt hatte und das sie selbst in den Verlauf der Dialektik Spinozas einbringt. Genau an diesem Punkt wird die gesamte Bewegung des Denkens anknüpfen, die vom Spinozismus ausgegangen ist: Entfaltung der Idee des *Werdens* im Sein; Ausweitung dieses Begriffs des *fieri* auf den Gesamtbereich der Geschichte und Bestimmung der sich daraus ergebenden konkreten Anwendungen; Aufdeckung eben dieses Prinzip des Werdens, das bei Spinoza im Dunkeln blieb, aber die verdeckte Triebkraft seines Systems war; Anknüpfung der Philosophie des Geistes oder der Idee an die Lehre von der absoluten Intelligibilität — dies ist die Entwicklung jenes deutschen Idealismus gewesen, der den Sinn des Spinozismus wiedererwecken und ausschöpfen wollte. Dieses Vorhaben gilt es zunächst aufzuzeigen, um es dann der Kritik zu unterziehen.

II.

Gerade der menschliche Wert, der ethische, religiöse und sogar mystische Sinn des Spinozismus wurde zunächst von denen begriffen, die ihn in unmittelbarer Tradition aufnahmen. In Holland ist er vom ersten Augenblick an als das aufgefaßt worden, was er sein wollte: als eine Lebenslehre, die an die Stelle der Formen der positiven Religion trat, als eine eher praktische denn spekulative Lösung des Problems unserer Bestimmung. Aber mit den Lehren geht es so wie mit den Samenkörnern, die sich aufzulösen scheinen, bevor sie keimen und wachsen. Der Einfluß eines Systems vollzieht sich nie im buchstäblichen Sinn. Lebendig ist es nur durch einen Prozeß der Transformation und

Assimilation, in dem Maße, wie es neuen Stoff gestaltet. | Indem es anderes Denken weckt, ersteht es selbst neu. Damit es Wurzeln schlagen kann, muß der Geist, wo das System aufgeht, ihm mit bestimmten Voraussetzungen und verwandten Elementen zugleich Nährstoffe einer Art bieten, wie es sie bisher noch gar nicht assimiliert hat. Bei den Philosophen, die von Spinoza herzukommen scheinen, zeigt uns Delbos zum einen die Anwesenheit eines virtuellen und vorgängigen Spinozismus, zugleich aber das Auftauchen neuer Konzeptionen, die seine systematische Form zunächst sprengen, bis zu dem Augenblick, wo das System, im Durchgang durch den dem ersten Anschein nach unversöhnlichen Gegensatz der kritischen Philosophie, schließlich deren ganzen Ideenreichtum aufnimmt, seine Form ihrer Materie vollkommen anpaßt und sich so in einer exakten rationalen Synthese neu aufbaut.

Es ist der deutsche Geist, mit dessen Hilfe sich am vollständigsten jene prästabilisierte Harmonie bemerkbar macht, die das lange Herausarbeiten und weitgreifende Wachsen des in der *Ethik* niedergelegten Keims begünstigt hat. Bevor es in seiner Unversehrtheit neu hervortrat und in einer erweiterten Gestalt aufgenommen wurde, hat sich das von Spinoza vor allem angezielte Problem zweifellos in seiner Natur verändert und verwandelt. Aber diese Arbeit stand unbemerkt doch unter einem gleichartigen Leitgedanken. Und nachdem es im transzendentalen Idealismus einem scheinbaren Gegensatz begegnet war, hat dieses Denken durch eine machtvolle Anstrengung, der Fichte, Schelling und Hegel ihren Namen aufprägten, die Rekonstruktion eines neuen Spinozismus unternommen. Wir wollen kurz diese Phasen der Verbreitung, Krise und schließlichen Konzentration durchgehen.

1. Wenn es der Lehre Spinozas schon sehr bald gelungen ist, sich in Deutschland dem Denken anzupassen und hier Eingang zu finden, so liegt das daran, daß ihr — trotz tiefgreifender Unterschiede — die Philosophie Leibniz' dazu häufig Vermittlungsdienste geleistet hat. Die wesenhafte Einheit von Vernunft und Natur, Freiheit und Notwendigkeit, des Seins und der Seienden war, wie Delbos scharfsichtig bemerkt, trotz ihrer unter-

schiedlichen Darstellung durch diese beiden Philosophien, der gemeinsame Boden ihrer Lehren. Leibniz hat gewiß mit feinerem Gespür für das konkrete, im Gang befindliche Leben das als Entwicklung und Harmonie gedacht, was Spinoza als unmittelbaren Akt und reine Identität begriff. Gerade dadurch hat er aber dazu beigetragen, die latenten Möglichkeiten der *Ethik* aufzudecken. Wenn Deutschland den Spinozismus nur über das wiederfindet und neu belebt, was es von seiner Seite aus beiträgt, | so geschieht das, weil dieser Beitrag aus eigenem Schatz das System gerade an dem Punkt berührt, wo es sich einer neuen Befruchtung öffnet. Spinoza hatte das Werden zum notwendigen Implikat des Seins gemacht. Hier wird das deutsche Denken ansetzen: den Sinn dieses Grundgedankens vom Werden auszuschöpfen, seine konkrete Anwendung in der Natur und Geschichte zu suchen, all die Gestalten des Schlechten und Irrigen, die bei Spinoza als Illusionen oder Akzidentien behandelt waren, als positive Wirklichkeit zu begreifen.

In der Tat setzt Lessing, der Inaugurator dieses neuen Spinozismus, das, was Spinoza im Dunkeln gelassen hatte, von vornherein an die erste Stelle: »Die Welt kommt nicht dadurch zustande, daß die Vollkommenheit [Perfection] sich damit begnügt, aktualiter zu *sein*, sondern dadurch, daß sie notwendig *wird* — als Fortschritt, in Einzelwesen, die nach und nach ihre Fähigkeiten entwickeln«.[10] Während für Spinoza die nur zum Schein unabhängigen Seienden in die Festigkeit des Seins zurückkehren und sich darin gleichsam auflösen sollten, muß also im Gegenteil die feste Einheit des Seins sich in der unendlich variierten Beweglichkeit des Lebens wiederfinden. Galt es nicht — anstatt sozusagen eine Auslese der rationalen Elemente vorzunehmen, die man in der Realität auf Kosten der Gestaltungen der empirischen und konkreten Existenz aussondern konnte –, alle Tatsachen, alle Manifestationen des Lebens in der Natur, alle, selbst die schlechten Taten, die der Mensch in den Gang der Dinge eingebracht hat, als antithetische Kräfte zu betrachten, die, im Besitz einer inneren Wahrheit, in sich die Imma-

10 Zitat der Zusammenfassung von Delbos, a.a.O., S. 237 (Anm. d. Hrsg.).

nenz der Substanz wahren und dadurch selbst, aufgrund der Kraftäußerung, die sie ins Dasein gebracht hat, eine authentische und positive Realität haben — wobei dem Wahren und dem Guten nur die Rolle von Abstraktionen verbleibt?

Zweifellos führte, wie Delbos ausdrücklich bemerkt, die Lehre Spinozas — logisch entwickelt — dorthin, da nichts von dem, was Gott Ausdruck verleiht, kontingent oder irrational sein kann. Dennoch: »Spinoza hatte die Idee der Immanenz [l'idée d'immanence] nur mit solchem Nachdruck auf die menschliche Natur angewandt, weil er diese Natur als eine feste Wesenheit aufgefaßt hatte, die ihre Daseinsweisen [modes] mit logischer Gesetzmäßigkeit aus sich hervorgehen ließ, und weil er eher die dialektische als die konkrete Entwicklung dieser Natur bestimmt hatte«. Der Versuch, in der von Spinoza angenommenen Einheit die synchrone wie diachrone Vielheit des menschlichen Geschehens, des Gebrauchs | unserer sittlichen und künstlerischen Fähigkeiten, der Naturereignisse und der Evolution der Welt selbst einzufangen, war also ein neuer und kühner Vorstoß.

Man muß die so weitgreifenden und glänzenden Kapitel gründlich lesen, in denen Delbos das Denken Lessings und Jacobis, Herders, Schillers und Goethes, Novalis', der romantischen Schule und Schleiermachers vor uns erstehen läßt. Hier zeigt er uns, wie sie dem spinozistischen Denken gedient haben, indem sie ihm als neuen Stoff und Nahrung Gegenstände darboten, die Spinoza durchaus nicht im Blick gehabt hatte: die geschichtliche Entwicklung der Menschheit, die tiefe Einheit und absolute Spontaneität des geistigen Handelns, in welcher Gestalt es sich auch immer manifestiert — Wissenschaft, Kunst, Philosophie, Sittlichkeit, Religion. So bereitete sich »jener verwandelte und erweiterte Spinozismus« vor, »der in neuer systematischer Gestalt sich in Deutschland entfalten und mit Kraft daran gehen sollte, durch ein und dasselbe Gesetz die Geschichte wie die Natur der Seienden zu begreifen. Er entwarf bereits jene radikale Einheit des Rationalen und des Realen, der logischen und der chronologischen Ordnung, die das deutsche Denken bald als das Leitprinzip aller seiner Unternehmungen herausstellen sollte«.

2. — Bevor jedoch die deutsche Philosophie all jene Elemente, die dem Spinozismus eher zu entstammen als dorthin zurückzukehren schienen, in einer rationalen Synthese zusammenschmelzen konnte, mußte sie sich in der großen Feuerprobe der Kantischen Kritik stählen. Das, was gleichsam die Rückseite des Spinozismus geblieben war, wurde zur Vorderseite eines neuen Systems, und das geheime Postulat der *Ethik* wurde gerade zum Prinzip einer neuen, ursprünglichen Lehre erhoben. Nachdem dann jede der antagonistischen Denkweisen ihren Sinn offenbart hatte, war die Versöhnung möglich und konnte sich die systematische Einheit beider vollenden. In dem Drama der Entwicklung des Spinozismus, das so eng mit der gesamten Geschichte des modernen Denkens verbunden ist, erscheint der Idealismus Kants gleichsam als der Wendepunkt, von dem ab sich die Fäden lösen sollten, wenn auch zunächst noch in einem vorläufigen Sinn.

Auf den ersten Blick gibt es keinen größeren Kontrast als den zwischen der *Ethik* und der *Grundlegung zur Metaphysik der Sitten.* Der fundamentale Unterschied zwischen diesen beiden Philosophien rührt daher, daß der Spinozismus in der Affirmation des vollen Seins, des unendlichen Objekts die Lösung sieht, die der Idealismus im Gegensatz dazu in der freien Aktivität des Subjekts und in der unabschließbaren Verwirklichung des reinen Sollens sucht. | Auf der einen Seite die Sorge nicht um das, was ist, sondern um das, was wir sein sollen; das sittliche Absolutum der Freiheit; die Autonomie der Person; die Überzeugung, daß das, was ist, nicht das *Ding* ist, sondern das, was 'sich macht', was handelt; jene Vernunft, die nur dadurch rein ist, daß sie ihre praktischen Ziele allein aus sich selbst setzt, ohne einen Kompromiß mit den Vorstellungen der Sinnlichkeit oder den Objekten des Verstandes einzugehen. Auf der anderen Seite die Redintegration des Menschen ins Ganze; der Einschluß der Moralität in den universellen Determinismus, wo sie Resultat, aber nie Prinzip des Handelns sein kann. So »scheint sich in der Kantischen Philosophie alles auf die Vernunft, als gesetzgebende und autonome Instanz betrachtet, zu beziehen; nichts scheint sich auf das Sein zu beziehen, zumal nicht auf das Sein, wie es der Spinozismus definiert hat, nämlich unter der Kategorie eines *ewigen Dings* [chose éternelle]. In dem Universum, wie es Spinoza versteht, vollzieht sich alles nach dem Gesetz einer Identität, die zugleich geistig wie natürlich ist, dergestalt, daß es kein Sollen, vielmehr eine Entwicklung im Sein gibt. Im Gegensatz dazu geht es bei Kant nicht darum zu wissen, was das Sein ist, sondern darum, die Gesetze dessen zu bestimmen, was geschieht und was zu tun ist. In der Wissenschaft wie im Leben vollzieht sich aber alles Geschehen und Tun nur auf dem Wege der Synthese«. Spinozas Absicht ist also, selbst die Idee des Sollens und der Moralität analytisch zu reduzieren, der Kant alles unterordnet, um die Autonomie des Wollens sicherzustellen. Die Erscheinung oder das Phänomen: für den ersteren ist die freie Unternehmung und der synthetische Progreß des Handelns [action], für den zweiten hingegen die Entwicklung des analytischen Denkens und der Determinismus des Wissens.

Der eine geht vom unendlichen Objekt aus, das jeden Modus des Denkens und der Wirklichkeit in sich beschließt. Der andere bezieht alles auf das Subjekt und macht aus der reinen Vernunft das Gravitationszentrum der geistigen und sittlichen Welt. Dennoch bahnt sich in diesem Gegensatz selbst die Konfrontation und Umwandlung der beiden Denkansätze an. Beiden geht es in der Tat vor allem um die Lösung des *ethischen* Problems; daß heißt, beider Absicht ist die — reduktive oder produktive — Explikation jenes *Werdens* in uns, das offensichtlich unsere Rolle als Mensch und unsere sittliche Bestimmung begründet. Indem Kant das Sollen als ein Absolutes betrachtet, die Autonomie des Willens behauptet, die synthetischen Schritte der praktischen Vernunft über das analytische Vorgehen des Verstandes stellt, macht er lediglich zum Prinzip eines neuen, eigenen Systems, was als Postulat im | Inneren des Spinozismus verborgen geblieben war. Spinoza andererseits hatte vom Beginn seiner *Ethik* an jenes Absolute des Objekts ans Licht gezogen, das Kant unüberwindlich fortbestehen ließ. Indem so das eine System nicht ohne unbemerkte Anleihen beim anderen auskommt, scheinen beide auf einen inkonsequenten Monismus hinauszulaufen.

Es ist auch nicht verwunderlich, daß unmittelbar nach Kant energischer als je zuvor genau die Art von Spekulation wieder aufkommt, die seine Kritik auf immer abgeschafft zu haben schien. Für die späteren Philosophen ist der Kantianismus vor allem »ein Ansporn« gewesen, »über die wohl ausgewiesenen Gegensätze hinaus eine höhere und weitergreifende Einheit zu entwerfen«. Der spinozistische Geist hingegen hat im deutschen Denken auf eine immanente Weise weitergewirkt. Zunächst wurde der Grundgedanke des Monismus auf den Begriff des Sollens und der sittlichen Freiheit selbst angewandt. Schließlich kam es zur Restauration eines integralen Spinozismus und zum erneuten Begriff des absoluten Seins als Ursprungsprinzip. Wenn in Frankreich viele bei der Philosophie Kants stehengeblieben sind, so ist wohl der Aufweis an der Zeit, daß seit der *Kritik der praktischen Vernunft* das Denken weitergegangen ist.

3. — Von der Philosophie Fichtes hat man mit Recht als einem zurückgekehrten Spinozismus gesprochen, zurückgekehrt mit der Leitidee der Kantischen Ethik als Umdrehungszentrum. Der Vernunft gegenüber das Ding als zugleich unerkennbar und wirklich zu behaupten, das ist nach Fichte ein zaghafter und inkonsequenter Idealismus. Der Grundgedanke seiner frühen Philosophie ist, diesen Dualismus zur absoluten Einheit zu bringen, indem er im Subjekt, das wird und sich setzt, das Prinzip von allem, was ist, sucht. »Das Sein von der Substanz in die Tat [action] zu überführen und das Unendliche der Wirklichkeit in die Vorstellung; das *Ich* nicht als den abgeleiteten Ausdruck, sondern als die herausragende Gestalt des Absoluten zu begreifen«; von dieser zentralen These her die damit implizierten spekulativen und ethischen Konsequenzen streng abzuleiten, »das war noch der *monistische*, von Spinoza erarbeitete Ansatz, den Fichte nun auf einen anders aufgefaßten Gegenstand anwandte und so einen ontologischen Pantheismus durch einen ethischen Pantheismus ersetzte. Anstelle Gottes wird das moralische Gesetz das *Ein und Alles*«.

Dies war allerdings ein nur vorläufiger Standpunkt. | Wie im System Spinozas das *fieri* der menschlichen Sittlichkeit zur Selbstmanifestation Gottes notwendig ist, so ist im System Fichtes das *esse* der Welt notwendig für die Verwirklichung des Sittengesetzes. Das *Ich* ist gezwungen, sich als Natur zu setzen und sich kraft seiner unendlichen Potenz zu entfalten, um ein bestimmtes Ziel zu erreichen. Das reine Werden erklärt nichts, weil es sich nicht selbst erklärt, und das Unendliche ist als solches nur, insofern es, alle Grenze und Negation ausschließend, *ist.* So findet Fichte auf dem Wege seiner späten Philosophie in der Liebe zum (zugestandenermaßen anders als bei Spinoza definierten) *Sein* die Quelle des seligen Lebens wieder, das die *Ethik* ebenfalls in der adäquaten Erkenntnis und der geistigen Liebe zu Gott angesetzt hatte. Über der Metaphysik des Sollens wird somit eine Metaphysik des Seins und des Lebens wiederhergestellt.

Dieses unbegrenzte *fieri* des Sollens und sodann die lebendige Realität des bestimmten Seins, die Fichte in zwei aufeinanderfolgenden Phasen seines Denkens untersucht hatte, bemühte sich Schelling in einer Synthese zu versöhnen, die seinem erklärten Wunsch nach das Gegenstück zur *Ethik* werden sollte, zu der als ganze neuerstandenen Ethik – allerdings in der Gestalt, die sie notwendigerweise nach der Entwicklung des kritischen Idealismus annehmen mußte. Der Kritizismus ist nämlich in seinen Augen kein Feind der systematischen Spekulation; es geht ihm lediglich darum, daß sich die Philosophie nicht im Ausgang vom Objekt, sondern vom Subjekt zu entwickeln hat. Durch eine tiefgreifende Analyse des Begriffs des Absoluten zeigt Schelling, daß dieses Absolute nicht einfach als Objekt begriffen werden darf, «daß es sich absolut in einem von jeder Relation, Grenze und Materie freien Akte, in einem Akt intellektueller Anschauung, als ein Ich affirmiert». Überdies betont er, daß, obgleich ihm der Monismus Spinozas als der Prototyp aller Philosophie erscheint, keine Übereinstimmung, vielmehr sogar ein Widerspruch besteht zwischen der Form und der Materie des Spinozismus, zwischen der reinen Idee und der Bestimmung des ersten Prinzips: ein Nicht-Ich kann nicht das Absolute sein. Das gesamte Bemühen Schellings besteht zunächst darin, «das Ich Fichtes zu charakterisieren, und zwar nach dem Schema der spinozistischen Substanz». Von seinen ersten Schriften an rehabilitiert er entsprechend — im Idealismus selbst — den Ontologismus Spinozas. Er behauptet das absolute Ich nicht lediglich als das Ideal, das sein soll, vielmehr als das wahre Sein an sich, das sich in aller Existenz manifestiert. | Um den Dualismus des Sollens und des Seins auszuschließen, setzt er die unmittelbare Gleichheit von Subjekt und Objekt. Hinsichtlich des endlichen Seins leitet er die Notwendigkeit des Werdens und die Unmöglichkeit ab, unmittelbar das zu sein, was es notwendigerweise sein soll. So kommt er dahin, das Wirkliche nicht als ein bloßes Phänomen oder als Erscheinung zu betrachten, sondern als ein tatsächliches Produkt des Geistes.

Auf diese Weise sind für Schelling bereits im Absoluten, das reine Identität ist, Idealismus und Realismus gleichermaßen begründet. Über einen neuen Schritt seiner Dialektik, in dem er diese Theorie der Identität weiterentwickelt, zeigt er sodann, daß die Hervorbringung des Wirklichen in sich selbst ihrem Prinzip adäquat und infolgedessen autonom ist. Die Natur ist nicht weniger real als der Geist, weil sie, wie der Geist selbst, zugleich Subjekt und Objekt, ideale produktive Aktivität und System wirklicher Produkte ist. Die Natur ist also nicht bloßes Objekt des Bewußtseins. Sie hat in sich eine Existenz, die nicht nur unabhängig vom Bewußtsein ist, sondern dieses auch in seiner Entwicklung determiniert. Das ist der Sinn des schon von Spinoza verkündeten Prinzips, daß die Ordnung und Verbindung der Ideen dieselben sind wie die Ordnung und Verbindung der Dinge. So ist jene Natur wieder in ihr Recht gesetzt, die Fichte als eine bloße Illusion des Bewußtseins, als einfaches Organ der Freiheit behandelt hatte. Die Moralität — weit davon entfernt, in einem Asketismus zu bestehen, der die Natur verdammt und abtötet — hat nach Schelling ihren Platz in der unauflöslichen Einheit unseres Daseins mit dem Sein, der Natur mit dem Ich, in der Rückkehr zu jenem Absoluten, das als Einheit des Idealen mit dem Realen bestimmt ist.

Dennoch blieb die Schwierigkeit, die die *Ethik* hatte fortbestehen lassen und die, aufs Ganze gesehen, die treibende Kraft der gesamten weiteren Entwicklung des Spinozismus gewesen war, immer noch, trotz der aufeinanderfolgenden Versuche des monistischen Denkens, ein stets neu zu lösendes Problem. Wie soll man das Endliche vom Unendlichen ableiten und, mit den Mitteln des Idealismus, die Lehre Spinozas vervollständigen; wie die Notwendigkeit des Werdens im Sein rechtfertigen? — Fichte hatte die gesamte Entwicklung der Natur, als eine aus der freien Aktivität des Subjekts hervorgegangene Erscheinung, allein am Ich festgemacht. — Schelling hatte zunächst durch Auflösung der Illusion, derzufolge die Natur dem Ich untergeordnet ist wie das Reale dem Idealen, und durch die Feststellung, daß die Dinge nicht mit dem Eintritt der Phänomene in ein Bewußtsein zu existieren beginnen, zu zeigen versucht, daß der Idealismus der Natur der ursprünglichere und der Idealismus des Ich der abgeleitete ist. — Selbst dort, | wo sie aus einem verschieden definierten Absoluten die Manifestationen zu deduzieren suchten, die für den Ausdruck des Unendlichen im Endlichen notwendig schienen, wiesen beide aber noch in gewisser Weise der Geschichte des Endlichen und der Erscheinung des Relativen einen Platz unterhalb jenes Absoluten zu, in dem, was Spinoza *natura naturata* im Unterschied zur *natura naturans* genannt hatte. Beide sahen also, wenn auch auf verschiedene Weise, die Notwendigkeit einer Entwicklung oder eines Werdens als abgeleitet und untergeordnet an. In dem Maße jedoch, wie Schelling seine Philosophie entfaltet, versucht er, das Relative selbst in die Tiefe des Absoluten einzuführen. Auf diese Weise macht er aus dem Endlichen und dem Unendlichen, dem Sein und dem Werden eine so enge Einheit, daß das Vollkommene zu seinem Sein das Werden notwendig hat und daß sich die Metaphysik des Absoluten dem unterordnet, was er eine »transzendentale Theogonie« nennt: der Geschichte eines notwendigen Prozesses, demzufolge »Gott, als Prinzip, noch nicht das ist, was er als Ziel ist«. So ist das göttliche Leben dem Werden und dem Leiden unterworfen, einbegriffen in und konstituiert durch diese Entwicklung selbst. Aus dem Bereich der Erscheinung ist das Werden nach oben befördert, in die innersten Tiefen des Absoluten hinein.

Auf diese Weise rückt jene Vorstellung eines Werdens im Absoluten von dem letzten Platz, den ihr Spinoza zugewiesen hatte – mit dem Ziel, sie durch eine Totalabsorption in der Einheit und Unbeweglichkeit des Seins verschwinden zu lassen – auf den ersten Rang. Bei Hegel wird sie nicht nur zur ersten unter den Wahrheiten, sondern zur einzigen. Für ihn ist nämlich die Einheit des Endlichen und des Unendlichen nicht einfach eine fruchtbare Behauptung unter anderen, »sie ist der treibende Gedanke alle Wahrheit, dessen Bedeutung man nur dialektisch zu entwickeln braucht, damit er die Wahrheit selbst sei«.

Spinoza hatte sich im Grunde darauf beschränkt, das endliche Seiende, das Böse, den freien Willen wie viele andere Illusionen in der Einheit verschwinden zu lassen, die er in ihrer abstrakten Gestalt begriff. Diesen spinozistischen Begriff der Immanenz treibt Hegel auf die äußerste Spitze. Auf der einen Seite zeigt er, daß das, was in Beziehung auf die von Spinoza angenommene unmittelbare Wahrheit Negation ist, eine notwendige Realität hat. Damit ist die Notwendigkeit des Kontingenten festgeschrieben. Das Werden ist konkreter und synthetischer Ausdruck der Idee. Alles, was wirklich ist, ist vernünftig. Da andererseits nichts geschieht, was nicht bestimmter Ausdruck der Vernunft [Raison] wäre, bedeutet dies nicht nur, daß alles Geschehen die Idee [Idée] zur Vermittlung bringt, vielmehr daß die Idee in keinem Geschehen zur Vollendung kommt. Alles, was vernünftig ist, ist wirklich. | Um nun zu zeigen, daß die Entwicklung der Idee mit dem konkreten Gehalt der Erfahrung übereinstimmt, um die scheinbare Kontingenz des empirischen Faktums aufzuheben, ohne dieses Faktum selbst zu entstellen, unterzieht sich Hegel der Aufgabe einer idealen Rekonstruktion der zweifachen Welt der Natur und des Geistes: dieses Werden selbst ist das Sein. Obgleich nämlich die Beziehungen der Dinge miteinander und mit dem Geist, der sie denkt, ihnen gegenüber akzidentell und äußerlich sein mögen, so sind es nach Hegel doch diese Beziehungen, die in ihrem systematischen Ganzen alles Wahre und alles Wirkliche konstituieren. Diese universale Relativität ist das Absolute selbst.

Genau auf dieses Ziel steuerte von Anfang an das Denken Spinozas zu. In der Philosophie Hegels finden sich die beiden erklärten wie geheimen Prinzipien der *Ethik* gleichermaßen entfaltet und — wie eine Materie an ihre Form — völlig aneinander angepaßt. Der Begriff des Werdens, die Gegenwart des Geistes, der *nicht ist,* sondern *sich macht,* die anthropomorphe Idee, die sich in den objektiven Pantheismus des Spinoza eingetragen hatte und es ihm ermöglichte, das Problem Mensch in der Frage nach dem Ganzen zu lösen: dies hatte, zweifellos dank der Vermittlung des deutschen Idealismus, nach und nach seine gesamten Konsequenzen gezeitigt. In der Tat konnte man das Sein des Relativen nur zunächst verdrängen oder reduzieren, indem man implizit das Werden des Absoluten setzte. Von dem Augenblick an jedoch, wo man das Relative des Werdens in das Absolute des Seins setzt, ist es eine Notwendigkeit, das Absolute des Seins in das Relative des Werdens zu verlegen. Spinoza hatte unser Sein [être] und alles Sein in *dem Sein* [l'Être] aufgehen lassen. Das bedeutete letztendlich, *das Sein* [l'Être] in unserem Sein [être] aufgehen zu lassen und in der erklärten Absicht, uns ihm immanent zu machen, es uns immanent zu machen.

Auf diese Weise wurden nach und nach die beiden Leitideen des Spinozismus so eng miteinander verbunden, daß sie sich schließlich wechselseitig bestimmten und sozusagen austauschten. Hinsichtlich des Problems der Ethik will Spinoza zeigen, daß es — um völlig eine Lösung zu finden — nicht den Charakter der Besonderheit bewahren kann, den ihm das allgemeine Bewußtsein zuschreibt, daß es nur eine spezielle Form des Problem des Seins oder des Absoluten darstellt und daß allein eine Metaphysik dazu in der Lage ist, den Sinn des Lebens zu entdecken, indem sie uns dazu bringt, uns in der Einheit zu begreifen und in *dem Sein* zu *sein.* Darum ist umgekehrt die Erkenntnis der absoluten Wahrheit, da sie in der Einheit von Wissenschaft und Leben besteht, vor allem Wissenschaft vom Leben. — Dabei gilt es aber zu bedenken: Indem man so angeblich die ganze Größe der sittlichen Bestimmung des Menschen dadurch entfaltet, | daß man sie in die Einheit der Gesamtfrage einbindet, verengt man doppelt das universelle Problem auf die Bedingungen der Erkenntnis, und zwar der menschlichen Erkenntnis. Zunächst einmal setzt man auf diese Weise in der Tat voraus, daß unser Leben das ganze Geheimnis des einen und umfassenden Rätsels in sich birgt. Sodann nimmt man an, daß dieses Geheimnis in uns ganz enthalten und begriffen wird durch das Verstehen allein. So nimmt die spekulative Lösung für sich in Anspruch, die Lösung der ethischen Frage in den Griff zu bekommen und zu leisten, während doch im Grunde das Problem der Ethik das theoretische Problem bestimmt und sich darauf reduziert bzw. verkürzt hat. Indem sie eine »transzendentale Theogonie« darlegen oder den Fortschritt Gottes entfalten, der sich in der Natur und in der Geschichte ereignet, stellen Schelling oder Hegel im Grunde nur die Bemühung des Menschen dar, aus seinem Denken selbst das Absolute zu machen und die Apotheose seiner Vernunft zu rechtfertigen. Spinoza hatte das Menschliche in Gott sublimiert. Hegel weist dem Menschen die Rolle zu, Gott mit Hilfe des Menschlichen selber zu konstituieren.

So endet Delbos zufolge das gesamte geistige Ringen, das bald verworren, bald deutlich, um den Spinozismus und den Idealismus gekreist war, um sie zur Einheit und Vollendung zu bringen, im Hegelianismus in der spekulativen Gestalt, die Spinoza entworfen hatte. Doch ein System stirbt nicht mit dem Augenblick, wo es sich vollendet. Zweifellos sind es längst nicht immer die abgeschlossensten Gestalten, die am meisten Wirkmächtigkeit und Fruchtbarkeit aufweisen. Aber noch die Zersetzung, die ihr Todeswerk vollbringt und solche Gestalten unter die Organismen zu verweisen scheint, die gelebt haben, ist eine Entwicklung jenes geistigen Lebens, das keinen völligen Neuanfang und keine Unterbrechung kennt. In dem scheinbaren Niedergang der Theorien gibt es einen Fortschritt; und oft ist der Punkt, der ihre logische Vollendung markiert, zugleich auch die Offenbarung ihrer Schwäche und wirklichen Unzulänglichkeit. Sich auf die eigentliche Geschichte des Spinozismus beschränkend, sieht Delbos davon ab, dessen Bestimmung über das System hinaus weiterzuverfolgen, das seine Bedeutung dialektisch entwickelt und erschöpfend dargestellt hat. Wir müssen weiter gehen, und sei es auch nur, um seine Methode voll zu rechtfertigen und seine persönlichen Schlußfolgerungen mit der Denkbewegung zu verknüpfen, die er beschrieben hat. |

III.

Die große Arbeit des Denkens, die von Spinoza ausging, um über Kant zu Hegel zu führen, ist durch einen zunächst ganz spontanen Fortgang, in dem sich ihr bleibender Wahrheitsgehalt und ihre Schlußfolgerungen herausgeschält haben, in eine neue Phase eingetreten. Hier zeichnet sich eine Transformation ab, die wichtiger und fruchtbarer als alle vorausgehenden ist. Die Zeit scheint gekommen, diese Weiterarbeit, die sich zunächst wie von selbst ergeben hat, genau in den Blick zu bekommen und durch Reflexion zu Ende zu führen. An dieser Stelle kann diese Aufgabe nicht im Detail und mit der nötigen Sorgfalt verfolgt werden. Es muß genügen, die bereits zurückgelegten Etappen festzuhalten und eine Vorstellung von dem zu vermitteln, was noch in Angriff zu nehmen ist.

1. — Die Leitidee des Spinozismus, die alle vorübergehenden Gestalten des Systems zu überleben scheint, ist der Begriff der Immanenz: Die Dinge tragen in sich selbst ihre Erklärung und Rechtfertigung, allein dadurch, daß sie sich wieder in das Ganze eingliedern lassen, das sie umfängt. Der Mensch trägt in sich das Gesetz seiner Bestimmung; er braucht das Urteil über sein Denken und Handeln nicht außerhalb dieser zu suchen. Es liegt in dem, was sie wirklich sind. Diese Lehre trat zuerst in Form einer ontologischen Behauptung in Erscheinung. Wichtig ist aber ein klares Verständnis davon, wie sich das *System* nach und nach zu einer *Methode* reduziert hat.

Von dem Augenblick an, wo trotz gegenteiligen Anscheins der Monismus Spinozas oder Hegels das Problem der Metaphysik immer deutlicher auf die Bedingungen der Erkenntnis — und zwar der menschlichen Erkenntnis — beschränkt hatte, war unausweichlich, daß das, was er als das wirkliche Absolute und das Werden des Seins [Être] vorstellte, nicht so sehr als die Wahrheit der Substanz [Substance] oder die Geschichte des Göttlichen erschien wie als das fortlaufende Spiel unserer Vorstellungen und als die Verkettung der Phänomene. Das Phänomen: hier liegt bei genauerem Nachdenken der wahre Gegenstand, auf den sich in letzter Analyse die Hegelsche Dialektik richtet, hier der wahrhaft wissenschaftliche Begriff, den diese Philosophie des Absoluten ausgearbeitet hat. Wenn »der Spinozismus, als Lehre, nicht mehr aktuell ist, um nur noch als Methode weiterzubestehen«, so ist dies der Vermittlung des Phänomenalismus zu verdanken, der ihm schließich seinen ontologischen Charakter entzogen hat. |

Schon für Spinoza — der die Beziehung zwischen der Erkenntnis und ihrem Gegenstand nach dem geometrischen Vorbild der Relation begreift, die Prinzip und Folge verbindet — ist die Wahrheit der wahren Idee keine äußere und akzidentelle, sondern eine dem Wahren selbst innere Qualität. Sie ist eine inhärente und konstitutive Eigenschaft. Wie die deduktive Konstruktion des Mathematikers, obgleich in fortschreitender Synthese entstanden, ihren Prämissen völlig immanent ist, konstituiert sich die Wahrheit durch die Reflexion der Idee auf die Idee. Das einzige Wahrheitskriterium ist also die Wahrheit selbst; und die Methode — weit davon entfernt, ein äußeres Werkzeug zu sein — besteht im Verstandesakt selbst. Die Entwicklung des Spinozismus hatte nun allerdings zum Resultat, in diesen rationalen Organismus nicht mehr allein das intelligible Wesen der Dinge, in ihrer Form abstrakter Universalität und Ewigkeit, einzubringen, sondern die dem Anschein nach kontingenten Tatsachen, die veränderlichen Aspekte der konkreten Wirklichkeit, die gesamte, sich ständig neu darbietende Geschichte der Natur und der Menschheit. In diesem Sinn kann man tatsächlich sagen, daß »Hegel uns gleichsam als Pfand seines Geistes eine Idee hinterlassen hat, die von nun an dem menschlichen Verstehen eingeschrieben ist: Indem er uns lehrte, daß das Wirkliche vernünftig ist, brachte er uns dazu, das Faktische zu beachten und zu begreifen«, das Absolute des Gesetzes der Wissenschaft nicht in der abstrakten Allgemeinheit, nicht im Gesamt-Werden, vielmehr in jedem konkreten Detail zu finden. Ihm zufolge handelt es sich also nicht darum, die empirischen Tatsachen mit einer Wesenheit zu verbinden, die ihr Substrat oder ihr von ihnen selbst verschiedenes Prinzip wäre. Es geht um die Erkenntnis, daß die inneren Notwendigkeitsbedingungen der Tatsachen, die ihre Entwicklung leiten, ihre Wahrheit selbst abgeben. —

Wird nun aber nicht deutlich, daß diese Auffassung von Wahrheit, derzufolge die notwendige und methodische Verbindung der Tatsachen konstitutiv ist für ihre kontingente Realität, sich auf die Phänomene und ihre wissenschaftlich definierten Gesetze anwenden läßt? Gerade im Hinblick auf das Phänomen und das wissenschaftliche Gesetz läßt sich berechtigt sagen, daß Sein und Erkennen zusammenfallen: das *a posteriori* Gegebene ist durchdrungen und gleichsam rekonstituiert durch die Initiative der Vernunft, die sie intelligibel macht. Was bei Hegel noch Ontologie und Kosmologie war, wird auf diese Weise z. B. bei Taine Untersuchung der wissenschaftlichen Psychologie und Vorrang der Natur- und Sozialwissenschaften.

Bei der Herausbildung dieser Methode — die man »die | immanente Kritik« genannt hat, weil sie sich auf das Begreifen der inneren Organisation der Dinge und Handlungen beschränkt, ohne sie auf einen äußeren Typus oder ein vorgefaßtes Kriterium zu beziehen –, dieser Methode, die man zum definitiven Ausdruck des »kritischen Geistes« machen wollte, ist also der Anteil des Spinozismus, wie man darüber in Frankreich vielleicht auch denken mag, beträchtlicher als der des Kantianismus selbst. Kant hat zweifellos dazu beigetragen, der Vernunft den Anspruch zu nehmen, die Gegenstände der Erkenntnis einer absoluten Regel, einem im Sein begründeten Urteil zu unterwerfen. Das Wesen der immanenten Kritik liegt aber nicht in diesem negativen Vorbehalt. Ihr fundamentaler Leitgedanke besteht vielmehr darin, daß der Wert wie die Wirklichkeit eines jeden Aktes, jeder Hervorbringung durch den Menschen oder die Natur durch das Ganze bestimmt wird, dessen Teil sie sind. Handlungen und Dinge auf ein höheres Muster zurückführen zu wollen, das heißt, Spinoza zufolge, sie im Grunde unserer empirischen Individualität unterordnen. Es gibt nur eine Weise zu urteilen: verstehen. Und alles verstehen, alles erklären, bedeutet, das Kontingente und sogar das Irrationale in den Notwendigkeitsraster der Vernunft einzutragen, bedeutet in einem gewissen Sinn, alles zu rechtfertigen.

Es braucht hier nicht daran erinnert zu werden, bis zu welchem Grade diese Denkweise manchen vertraut geworden ist und in wie vielfältiger Form sie in Erscheinung tritt. Wichtig wäre nur, ihre wahren Wurzeln aufzuzeigen. Allein in der Rückführung dieser immanenten Kritik auf ihre Hauptquelle liegt das wirksame Mittel, denen, die sie engagiert vertreten, die Weiterentwicklung aufzuzeigen, die ihr von ihrem eigenen Ursprung her vorgegeben ist. Es handelt sich hier um eine weit bemerkenswertere Transformation als bei allen anderen Entfaltungen des Spinozismus, die zugleich aber auch der inneren Logik seiner Entwicklung besser entspricht. Wenn Frankreich lange Zeit für den Geist Spinozas nur schwer zu gewinnen zu sein schien, so würde es doch wenigstens einen wesentlichen Beitrag zu dieser Transformation geleistet haben, die aus einem metaphysischen System eine wissenschaftliche Methode gemacht hat, aus einer gänzlich immanenten Kritik ein Urteilskriterium gewann und die dabei ist, aus den früheren rationalistischen Denkformen eine besser qualifizierte Theorie zu entwickeln, mit deren Hilfe sich voreilige Zurückweisungen entkräften lassen.

2. — In ihrer Reaktion auf die Spielarten der dogmatischen Kritik schien sich »die immanente Kritik« zunächst auf Erklärung statt auf Beurteilung zu beschränken, denn, | einer Formulierung von Schérer zufolge, »in den Augen des Wissenschaftlers ist alles wahr, hat alles seinen rechten Platz; es gibt weder Wahrheit noch Irrtum mehr«. Das Verstehen von allem scheint die Sympathie für alles vorauszusetzen und einzubegreifen. Die strenge Aufgabe des Begreifens geht auf in der ausgeklügelten Kunst des Goutierens. Aber das ist nur eine bloß vorläufige und oberflächliche Sicht des eigentlichen Charakters der »Kritik«. Sie wäre nur reiner Positivismus, wenn sie das Gegebene einfach als solches nähme, ohne zu entdecken, »daß das Faktum nicht isoliert und abgegrenzt, sondern unendlich ist; daß das Ding sich nicht auf sich selbst beschränkt, sondern einem Ganzen zugehört; daß alles im Universum sich berührt und miteinander zusammenhängt, sich begrenzt und weiter ausstreckt«. Vor allem basiert diese Kritik auf dem Gedanken, daß in jedem Zustand der Natur und des Geistes das Unendliche gegenwärtig ist, das heißt, daß wir, ohne das Faktum zu verlassen, in ihm die inneren Beziehungen bestimmen müssen, die seine Wahr-

heit und seine Gesetzmäßigkeit ausmachen. Wahrhaft erkennen heißt, in der Form der Einheit und des Absoluten zu begreifen. Es geht also nicht einfach darum, im gewöhnlichen Sinn des Wortes alles zu akzeptieren, was sich der Beobachtung darbietet, alles zu rechtfertigen, was sich in und außer uns vollzieht, und sich einer auf alles erstreckenden Neugier mit der puerilen und oberflächlichen Indifferenz eines unersättlichen Geistes zu erfreuen, der noch nicht von dem Empfinden dafür berührt wurde, was schon Platon den großen Widerstreit des Endlichen und des Unendlichen im Herzen von allem, was ist, genannt hat. Der Tatsache oder der Tat immanent ist nicht nur das, was sie erklärt, sondern auch das, was über sie zu urteilen erlaubt.

Von ihrem Ursprung her betrachtet, vollzieht sich die immanente Kritik in einem Dreischritt und sie muß schließlich in die dritte Phase dieser Entwicklung gebracht werden:

a) Zu Beginn scheint sie jede nähere Bestimmung der Dinge und Handlungen auszuschließen und nichts als deren reine Intelligibilität zum Ziel der Untersuchung zu haben. So ließ etwa Spinoza das Verschiedene, Vielfältige, Endliche in der absoluten Einheit aufgehen, außerhalb derer es nur Illusorisches gibt. Er weigerte sich, die positive Rolle dessen, was negativ und kontingent in der Entwicklung des menschlichen Geistes ist, anzuerkennen. Indem er die Notwendigkeit des Seins [Être] als eine unantastbare Identität konzipierte, verschloß er seinen Monismus rigoros den mannigfachen Welten, die die Einbildungskraft der Philosophen erstehen läßt. Sein System war radikal exklusiv, seine Kritik rein negativ.

b) Bei Hegel »wandelt sich die Idee der Notwendigkeit. Statt einer reinen Identität ist sie Identität des | Gegensätzlichen. Sie umgreift selbst das, was sie negiert, sie nimmt in sich auf, was sie limitiert. Sie gewährt dem Kontingenten und Akzidentellen Zutritt in die Konstitution ihrer Ordnung und Macht«.[11] Von nun an redintegriert die Kritik in den Rahmen universaler Notwendigkeit auch die heterogensten Formen des Lebens und des Denkens, anstatt sie radikal zu eliminieren. Für Spinoza bedeu-

11 Vgl. V. Delbos, a.a.O., S. 522.

tete Verstehen, all das auszuschließen, was keinen Zugang zum Sein [Être] hat. Hegel zufolge heißt Verstehen, all das im Sein [Être] einzubegreifen, was anscheinend daraus heraustritt, es in Wirklichkeit aber nur entwickelt. Für den ersten ist die Wahrheit eine. Über das, was sich außerhalb ihrer befindet, läßt sich nicht urteilen. Für den zweiten ist die Wahrheit niemals eine. Über das, was sie an sich ist, läßt sich nicht urteilen, weil sie wird und in dem Hervorbringen ihrer selbst das Maß ihres eigenen Rechts zu sein abgibt.

c) Aber dies ist eine noch vorläufige Perspektive. Spinoza setzte, kurz gesagt, eine absolute Differenz zwischen dem, was ist, und dem, was nicht ist. Hegel setzte eine Identität des Gegensätzlichen. In ihrer natürlichen Weiterentwicklung kommt die Kritik nun dazu, diese beiden Auffassungen in einer neuen Denkform einander anzunähern. Statt der Annahme, daß alles verstehen heißt, alles im Relativen oder aber im Absoluten einzubegreifen, kommt man dahin zu sehen, daß wirkliches Verstehen bedeutet, im Relativen selbst absolute Unterscheidungen auszumachen. So scheint es nun möglich — ohne die Prinzipien der kritischen Methode zu verraten, ohne dem Begriff der Immanenz untreu zu werden und ohne aufzuhören, im Inneren der Tatsachen und Taten den Ort ihrer Erklärung zu suchen –, sie unbedingt zu beurteilen und in ihnen die Grundlage einer radikalen Unterscheidung aufzuspüren. So legt sich, mit einem Wort, gerade im Namen jener Idee der Immanenz, sofern sie nur voll entfaltet wird, der Begriff einer Regel, eines Kriteriums, einer transzendenten Wahrheit nahe. Man braucht sich tatsächlich nicht außerhalb oder oberhalb der Dinge und Handlungen zu versetzen, sie unter einen ihnen äußeren Maßstab zu zwingen, von vornherein auf einen Typus der Wirklichkeit oder ein vorgefaßtes Modell zu rekurrieren, um eine unbedingte Wertung über sie vorzunehmen. Dieses Urteil, das sie der souveränen Autorität eines Gesetzes unterwirft und radikale Unterschiede von Wahrheit und Irrtum, von Gut und Böse in ihnen feststellt: sie tragen es bereits in sich selbst. |

In diesem Sinn geht die historische und kritische Methode Delbos' aus der Denkbewegung hervor, deren Abfolge er aufzeigt. Wenn er urteilt, so hat er das Recht dazu erobert und legitimiert. Der Einwand wäre fehl am Platz, hier werde eine Rückkehr zu früheren Denkgewohnheiten vollzogen oder es sei müßig, dieser langwierigen Entwicklung nachzugehen, um am Ende doch nur zu einer Neuauflage dessen zu kommen, was durch sie außer Kraft gesetzt schien. Hier handelt es sich eben nicht um eine Rückkehr zur Vergangenheit, nicht einfach um eine Neuauflage jener alten Kritik, die im Namen von vorgängig festgelegten Prinzipien ihre Verdammungsurteile und Abweisungen aussprach. Die Art des Urteilens ist für das Urteil selbst entscheidend. In der Tat muß jede auf den Grund der Dinge gehende Diskussion, jeder Ausschluß mit Geltungsanspruch, jede Kritik, die wirklich philosophisch werden möchte, zunächst den Anforderungen gerecht werden, die Hegel formuliert hat; nur so kann sie wirklich ihren eigenen Standpunkt überschreiten: »Die Wissenschaft [...] kann [...] nur aus dem Begriffe, als auf welchem sie beruht, beurteilt werden; und da sie dessen Selbstentwicklung ist, so ist eine Beurteilung derselben aus dem Begriffe nicht sowohl ein Urteilen über sie als ein Mitfortschreiten. [...] Die der Zeit nach letzte Philosophie ist das Resultat aller vorhergehenden Philosophien und muß daher die Prinzipien aller enthalten; sie ist darum, wenn sie anders Philosophie ist, die entfaltetste, reichste und konkreteste«.[12] Nun, im Sinne eben dieser Feststellungen macht die Kritik immanent zur Relativität des menschlichen Denkens und Handelns ein absolutes Unterscheidungskriterium aus, das diese beurteilt und von Grund auf scheidet. Ein solcher Fortschritt in der Methode führt aber auch zu einem Fortschritt in der Theorie.

Diese systematische Neugestaltung und Transformation philosophischer Fragestellung muß nun noch kurz in den Blick

[12] G. W. Fr. Hegel: Logique / Trad. par A. Véra. Paris ²1874, vol. I, S. 173, 200. [Hegel: Enzyklopädie der philosophischen Wissenschaften im Grundriße / Hrsg. von Friedhelm Nicolin ; Otto Pöggeler. Hamburg ⁷1969, Nachdr. 1975, Vorrede zur zweiten Auflage, S. 18 und § 13, ebd. S. 47; [die Übersetzung von Véra bietet statt »la plus concrète«: »la plus complète«].

kommen. Urteilen, Zustimmen oder Abweisen erweisen sich nämlich als möglich und notwendig, weil Verstehen allein nicht ausreicht. Obschon fähig, alles zu durchdringen, ist der Verstand nicht alles. Er kann das Handeln [action] nicht ersetzen, selbst dort nicht, wo er es verstehbar macht. Es ist das Handeln, durch das die grundlegenden Unterschiede in unserer Bestimmung und unbedingte Qualifikationen von Gut und Böse hinsichtlich unserer Taten ins Recht gesetzt werden. Durch das Handeln wird, kurz gesagt, ein Prinzip von Wahrheit und transzendenter Wirklichkeit in uns immanent, | ohne daß das Denken, das diese Immanenz aufdeckt, die Notwendigkeit jenes Transzendenten ersetzen oder etwas an seinem Charakter ändern könnte.

3. — Wenn es in der gesamten modernen Philosophie wirklich ein grundlegendes Übel gibt, dann ist es die — oft nicht einmal wahrgenommene — Ansicht, daß die spekulative Lösung des Problems des Lebens, wie immer sie sich auch darstellt, der tatsächlichen Lösung gleichrangig oder übergeordnet sei. Das geht soweit, daß selbst dort, wo man die Praxis der Theorie entgegenstellt, man immer noch von der Theorie der Praxis handelt. Was war, aufs Ganze gesehen, die Absicht Spinozas? Er wollte zeigen, daß die sachgemäße Fragestellung der Ethik darin besteht, ein Problem der Metaphysik zwecks Lösung zu transformieren, das in seiner ursprünglichen Form unlösbar bliebe — und zwar dergestalt, daß auf der anderen Seite die begriffene Wahrheit durch sich selbst und ohne äußeren Zusatz die ganze Moral darstellt. Dennoch blieb eine Unklarheit: Hat diese rein intellektuelle Lösung ihre Gültigkeit absolut oder nur in Bezug auf uns? Mit seiner Behauptung: »Wenn das Denken alles zu übertreffen scheint, so nur für den Menschen«[13] glaubte Lessing die Ansicht Spinozas zu vermitteln. Doch von dem Augenblick an, wo man zum Prinzip erhob, daß »die Erkenntnis der absoluten Wahrheit, insofern sie die Einheit von Wissen-

[13] G. E. Lessing, nach: F. H. Jacobi: Über die Lehre des Spinoza S. 20 [Vgl. V. Delbos, a.a.O., S. 238. Das oben nach Blondel rückübersetzte Zitat lautet im Original: »Sie gehen weiter als Spinoza; diesem galt Einsicht über alles. Leßing. Für den Menschen!«].

schaft und Leben darstellt, in hervorragender Weise die Wissenschaft vom Leben ist«, erhielt diese Folgerung den umgekehrten Sinn. Das hat Hegel voll ans Licht gebracht: »In diesem Sinne ist also der Gedanke nicht bloß nur Gedanke, sondern ist vielmehr die höchste und, genau betrachtet, die einzige Weise, in der das Ewige und an und für sich Seiende gefaßt werden kann«.[14] Ebendiese Sicht der Dinge, obgleich ihres metaphysischen Charakters entkleidet, bleibt auch die Basis des Phänomenalismus. Nach Taine »ist es die Wissenschaft, die das Problem der Ethik stellt und lösen muß, indem sie zu unserem größten Nutzen unsere ganze intellektuelle und praktische Vitalität in Anspruch nimmt: die Wahrheit der Moral kann nur über die Wahrheit der Wissenschaft verfolgt werden; sie ist ihre Folge oder ihr Ziel«.

Warum diese Substitution des Denkens anstelle der tatsächlichen Praxis, woher diese Usurpation des einen durch das andere? Die folgende Antwort legt sich nahe: Die Basis des ganzen Unterfangens ist der Wunsch und das Bedürfnis, das Problem des Lebens unbedingt durch die bloße Kraft des Menschen gelöst zu sehen. Von dem, was | uns nicht gehört und was nicht von uns abhängt, scheint aber das Denken, und das Denken allein, uns eine Vorstellung zu geben, die selbst wenigstens uns zugehört. Wenn das Problem also kraft des Menschen allein gelöst werden soll, dann muß es auch kraft des Denkens allein, des freien Denkens, gelöst werden.

Jede Immanenzlehre impliziert eine ausschließlich spekulative Lösung. Damit eine solche Lehre begründet wäre, müßte allerdings der umgekehrte Satz berechtigt sein; und das ist er nicht. Es müßte jede spekulative Theorie den Begriff der Immanenz zur lebensnotwendigen Bedingung der Philosophie erheben — und das Gegenteil ist richtig. Wenn es einen gemeinsamen Leitgedanken für den Idealismus Kants wie den Pantheismus Spinozas gibt, eine Idee, die man als das proton pseudos jedes

[14] G. W. Fr. Hegel: Logique. I, S. 216. [Enzyklopädie [...] Erster Teil: Wissenschaft der Logik. § 19, Zusatz 2, = Werke in 20 Bänden. Frankfurt 1970, Bd. 8, S. 70].

exklusiven Rationalismus betrachten kann, dann ist es die Vorstellung, daß es dem Menschen ganz allein gelingt, sich wieder ins Absolute zu integrieren und völlig seinem Sein oder seinem Sollen adäquat zu werden. Hier liegt der Punkt, wo es notwendig ist, das moderne Denken zurechtzurücken.

Vergeblich in der Tat der Versuch, im Ausgang von der formalen Autonomie, wie sie Kant konzipiert, zur Bestimmung positiver Verpflichtungen und selbst zur Materie klarer Pflichten zu kommen. Dies wird nicht gelingen; denn man kann sich nicht in der Reinheit der autonomen Vernunft isolieren, »man kann sich nicht völlig selbst wollen, ohne — über die Vermittlung der Idee des unendlichen Seins [Être] — die universelle Ordnung zu wollen«.[15] — Vergeblich das Bemühen, mit Spinoza durch Befreiung ohne Kampf, Freude ohne Trauer, Freiheit ohne Opfer die Seligkeit zu erreichen, indem man Abtötung und Leiden schon von der Idee der Moralität ausschließt. Niemals wird es wahr sein, daß wir uns selbst gleichwerden können, ohne daß eine Zerreißprobe zwischen Gegenwart und Ideal stattfindet, ohne daß wir in unserer persönlichen Entwicklung den schmerzhaften Einbruch eines Unendlichen erfahren, das uns weitet und uns gleichsam zerspringen macht. Der Fortschritt des Lebens vollzieht sich in uns in der Gestalt von Dualität und Widerspruch. Zwischen dem, was wir sind, und dem, was wir wollen, gibt es Heterogenität. Der Weg zum Ruhm ist Selbstbescheidung, der Weg zum Leben Tod und Prüfung. — Vergeblich, mit Hegel anzunehmen, daß die Einheit des | Endlichen und des Unendlichen nichts voraussetzt außer dem Ausdruck, der sie vermittelt, und daß die ganze Wahrheit sich absolut in der Dialektik begreifen läßt. Im Gegenteil »gibt es im menschlichen Intellekt und Willen stets ein Prinzip der Transzendenz, das sie nötigt, sich zu überschreiten, und sie hindert, sich jemals als geschlossene, undurchdringliche Welten einzurichten«. Der radikale Irrtum Hegels besteht darin, daß er die Philosophie des Absoluten festlegen wollte.

Ebensowenig wie der Versuch des Positivismus, sich an die

[15] Vgl. V. Delbos, a.a.O., S. 540.

Wissenschaft zu halten und sie an die Stelle der Philosophie zu setzen, Erfolg haben konnte, vermochte das große Unternehmen der Metaphysik zum Ziele zu führen, die sittliche und religiöse Praxis zu verdrängen. Dies ist die äußerst wichtige Feststellung, zu der man schließlich kommen muß. Das große Epos des spinozistischen Denkens hat am Ende wenigstens dazu gedient, jener Wahrheit Konturen zu verschaffen, die das Christentum zweifellos in sich trug, die aber die Arbeit der philosophischen Reflexion noch nicht vollends herausgeschält hatte, daß nämlich die Erkenntnis, auch die adäquate, nicht das Handeln ersetzt. Dadurch sind die entscheidenden Punkte des Problems von Ethik und Metaphysik allesamt in ein ganz anderes Licht gerückt. Die vorrangige Beschäftigung mit der Praxis, die ursprünglich für den Verfasser der *Ethik* zentral war, tritt wieder in den Vordergrund, aber in neuer Bedeutung und Klarheit und mit einem neuen Stellenwert. Man versteht ein System nur, indem man es überschreitet, sagt Hegel. Jedes spekulative System wird also durch einen Fortschritt der Spekulation überschritten, und das einzige, das eine definitive Wahrheit enthalten kann, ist jenes, das seinen Vollendungspunkt nicht in sich selbst sucht, weil es auf das Handeln hinführt und die praktischen Anforderungen an dieses Handeln bestimmt. Wie man ein System nur erfaßt, indem man es überschreitet, so erfaßt, besitzt und lebt man die Wahrheit nur im Handeln. Die spekulative Lösung befriedigt nur in dem Maße, wie sie auf die praktische Lösung hinführt und ihre Notwendigkeit aufweist.

Es bleibt also festzuhalten, daß, wenn auch das Denken das Leben ganz durchdringen kann, es dennoch selbst dann, wenn es ihm angemessen ist, nicht das zu ersetzen vermag, was das Leben an Ursprünglichem und Wirklichem beiträgt. Es ist zweifellos eine für den Philosophen natürliche Illusion anzunehmen, daß die ganze Moral in seiner Wissenschaft der Praxis besteht und daß, indem er die Notwendigkeit für den Willen erkennt, sich im Tun zu verwirklichen und zu bereichern, er dieser Anforderung selbst bereits Genüge getan hat. | Nein, selbst wenn man alles wüßte, was zum Handeln gehört, hat man noch nichts von dem, was allein das Handeln zu geben vermag. Und wenn der französische Geist [esprit], der schließlich ja von Dogma und Praxis des Katholizismus geprägt ist, schnell dabei ist, Ideen in Taten umzusetzen, dann deshalb, weil es von ihrer Identität und zugleich völligen Heterogenität durchdrungen ist. Er versucht, Denken und Praxis in Einklang miteinander zu bringen. Deshalb will er beide auskosten, ohne sich jemals des einen auf Kosten des anderen zu entledigen. Als stets frische Nahrung der spekulativen Dialektik ist also nicht — mit Spinoza, Kant, Fichte, Schelling oder Hegel — die Substanz oder das Ding an sich, das Subjekt oder die reine Vernunft, das Subjekt-Objekt in der Identität der Gegensätze oder gar das Phänomen zu betrachten, vielmehr das Handeln [action]. Im Handeln ist uns das Geheimnis des Wirklichen unmittelbar gegenwärtig, es ist wir selbst. Und indem wir, wie es die rationalistische Kritik fordert, das aufdecken, was uns immanent ist, werden wir unausweichlich zur Erkenntnis der Notwendigkeit transzendenter Wahrheiten gebracht, die dem Handeln immanent sind.

Das besondere Verdienst des Werks von Delbos ist, diesen Fortschritt des Denkens und der Methode vorzubereiten, der die moderne Philosophie erneuern wird, indem er ihr die Möglichkeit gibt, sich durch die Entwicklung der ihr eigenen Prinzipien schließlich dem unmittelbaren Einfluß des sittlichen Lebens und der religiösen Praxis zu öffnen.

Die idealistische Illusion

Wenn es eine *metaphysische Illusion* gibt, der das spontane Denken scheinbar natürlicherweise erliegt, so vermischt sich mit ihr, sobald man nur zu reflektieren beginnt, eine entgegengesetzte Illusion, die sich mit nicht weniger Kraft und Notwendigkeit jedem Geist aufzudrängen scheint, der auf der Suche nach sich selbst ist und das Sein in der Wahrheit einer sicheren Erkenntnis finden möchte. Denn in dem Augenblick, wo man dem Gegebenen ausdrücklich einen realen Wert beimißt, indem man das, was ist, in dem, was erscheint, behauptet, setzt man schon durch ebendiesen Akt vor das Denken die Dualität des Realen und des Erkannten. Von dort entspringt die Vorstellung der Koinzidenz und der Ungleichheit, von dort auch die Behauptung oder der Abweis einer möglichen Übereinstimmung des einen mit dem anderen. Sosehr wir also in einer ersten Bewegung dazu neigen, unsere unmittelbaren Vorstellungen für die wahre Wahrheit zu halten, sosehr werden wir in einem zweiten Schritt, der von dem ersten nicht zu trennen ist, gezwungen, jenseits dessen, was anscheinend unvermittelt dem Bewußtsein vorliegt, und unter, hinter oder in dem Realen immer ein noch Realeres zu suchen. Wenn der Hang zum Realismus, um nicht der Nahrung zu entbehren, Angst davor hat, das Seiende für ein Phänomen zu halten, so fürchtet sich der Drang zum Idealismus, um sich nicht auf zu grobe Weise zu ernähren, davor, das Phänomen als Seiendes anzunehmen.

Nichts leichter, würde man auf den ersten Blick sagen, als die eine oder die andere dieser Tendenzen zu bestimmen; nichts auch natürlicher als der Versuch, die eine zu rechtfertigen, um in der anderen das herauszufiltern, | was sie an, wie es scheint, Illusionärem — an notwendigerweise Illusionärem — hat. Denn wenn irgendeine von beiden absolut begründet ist, muß wohl die andere in letzter Instanz trügerisch sein. Es scheint nur zulässig, daß entweder die eine oder die andere das letzte Wort hat. Und dennoch wird gerade aufzuweisen sein, daß es unmöglich ist, irgendeine dieser beiden Einstellungen unter Ausschluß der anderen sowohl zu bestimmen wie tatsächlich zu wählen. Wir werden feststellen, daß sie solidarisch, alle beide gleichermaßen begründet und gleichermaßen trügerisch sind; — trügerisch in dem Maße, wie die Reflexion die Schritte der Dialektik im Vollzug künstlich reduziert, ohne sie auf ihren genauen Ausdruck einzugrenzen; — begründet insofern, daß sie sich dem Bewußtsein aufdrängen, ein Moment des inneren Determinismus und eine treibende Kraft im Dynamismus des geistigen Lebens bilden. Den Realismus oder den Idealismus wie eine Illusion behandeln zu wollen, zu deren Heilung man das geheime Mittel, sei es im Idealismus, sei es im Realismus, aufsuchen muß: genau das ist die Illusion selbst. Das einzige Heilmittel besteht darin, diese beiden Begriffe ins abstrakte Denken mit dem Charakter von Spontaneität, Notwendigkeit und Solidarität wieder einzubringen, den sie im gelebten Denken haben; sie beide zusammen systematisch einer Theorie unterzuordnen, die der einen wie der anderen gegenüber heterogen ist, einer Theorie, die verhindert, daß sie als miteinander unvereinbar erscheinen, und die sie als einsichtigerweise und notwendig so von Rechts wegen miteinander verbunden aufzeigen wird, wie sie es faktisch sind.

Es handelt sich hier also nicht darum, nach Lust und Laune ein Gedankenschloß zu errichten: es geht darum, *mit Notwendigkeitscharakter [sub specie necessitatis]* eine wirkliche Verbindung von Zuständen zu beschreiben. Das ganze Bemühen dieser Analyse muß darauf zielen, in apodiktischer Form jene Verbindung von einander anscheinend widersprechenden, in Wirklichkeit aber komplementären Thesen darzustellen. Zweifellos reicht eine einfache logische Initiative nicht aus für den Versuch, die Festigkeit einer solchen Verkettung auf die Probe zu stellen, oder auch nur, ihre Möglichkeit zu begreifen. Wie auch immer man dahin gelangt, | Stärke und Schwäche der realistischen und der idealistischen Einstellung zu unterscheiden: man muß zuvor das klare Bewußtsein einer anderen, noch komplexeren Einstellung gewonnen haben, um schließlich den authentischen Sinn, die unvermeidbare Rolle und den provisorischen Charakter jener gewöhnlichen, doppelt-einen Illusion zu erkennen. Wenn dieser Zauber durch eine implizite Dialektik aber einmal aufgedeckt ist, dann braucht diese Sicht der Fakten nur noch zu systematisch geordneten Wahrheiten erhoben und die integrale Abfolge dieser Wahrheiten in den Rahmen eingefügt zu werden, der allein die Wissenschaft ausmacht — durch eben die Notwendigkeit der Beziehungen, die sie definiert. Auf diese Weise für sich selbst den Punkt zu verifizieren, von dem man ausgegangen ist, indem man aus diesem Ausgangspunkt einen Zielpunkt macht: das ist auch das einzige Mittel, andere dorthin zu führen, indem man sich zunächst an den Ort begibt, wo sie denken, um sie — an der Kette des Determinismus des Geistes [déterminisme intellectuel] — dahin zu bringen, wo sie sind.

Die Unmöglichkeit aufzuzeigen, isoliert und absolut den Idealismus oder jede Theorie, die das entsprechende Problem unter denselben Blickwinkel stellt, zu »denken«; die Bedingungen zu bestimmen, denen das Herausarbeiten einer solchen Unmöglichkeit unterliegt, und die Konsequenzen, die es impliziert; als Folge schließlich gleichsam ein neues Gleichgewicht von Gedanken heraufzuführen: darin liegt also der Gegenstand dieser Untersuchung. Unser Ziel ist hier, am Beispiel einer besonderen Gedankenfolge unter unendlich vielen anderen Wegen, die zu denselben Ergebnissen führen würden, zu zeigen, daß, wenn — vom Gesichtspunkt des Handelns [action] her — alle traditionellen Probleme transponiert erscheinen, dieser Wechsel weder willkürlich, noch unverbindlich, noch losgelöst von der geschichtlichen Entwicklung des menschlichen Denkens ist; daß hier nicht einfach eine Lehre anderen an die Seite gestellt oder an deren Platz gerückt wird, vielmehr eine Ausweitung und Anwendung der philosophischen Tradition statthat; daß, von diesem Gesichtspunkt aus, die Gegensätze zwischen den meisten früheren Systemen auf einem gemeinsamen Kennzeichen »Intellektualismus« basieren. Und wie in der Aufeinanderfolge der chemischen oder tierischen Spezies jedes auch nur vorläufige Gleichgewicht definiert ist einmal durch die vorhergehende

Reihe von Bedingungen, die es möglich oder gar | notwendig gemacht haben, und zugleich durch die innere Finalität, die daraus ein spezifisch unterschiedenes System macht, so darf man hoffen, daß die Entwicklung der Ideen unter einem leitenden Gedanken zu einer dauerhaften und lebensfähigen »philosophischen Spezies« führen wird. Einige Herkunftslinien und dominierende Merkmale dieser Spezies sollen hier angedeutet werden.

I.

Wenn man auf ein solidarisches Verhältnis zwischen dem Idealismus und seinem Widerpart aufmerksam macht, läuft man von vornherein Gefahr, daß diese Behauptung falsch verstanden wird. Es ist daher wichtig, diesem Mißverständnis, das alles verderben würde, zuvorzukommen. Mit dieser Behauptung soll jedoch keineswegs gesagt sein, daß der Begriff des Idealismus den des Realismus voraussetzt — jenem Gesetz zufolge, daß jede bestimmte Vorstellung eine psychologische Unterscheidung oder einen logischen Gegensatz impliziert, wie man zum Beispiel nicht an die Nacht denken kann ohne die heimliche Begleitung eines Bildes vom Tage, oder wie man einen Satz nicht ausdrücklich behaupten kann, ohne implizit das Gegenteil auszuschließen. An eine solche verbale oder ideale Antithese ist hier überhaupt nicht gedacht. Denn weit davon entfernt zu behaupten, daß rechtens, wenn man einen dieser Begriffe denkt, dies unter der Bedingung geschehe, den anderen dabei mitzubegreifen, um aus beiden zusammen ein sich genügendes Ganzes und ein geschlossenes logisches System zu formen, und ebensoweit entfernt zuzugeben, daß man mit der Behauptung der Wahrheit der einen These die andere gleichzeitig *ausschließt,* handelt es sich im Gegenteil darum festzustellen, daß man faktisch die eine nicht behaupten kann, ohne dabei auch die andere *einzuschließen;* daß man von dorther weder eine für sich noch alle beide zusammen wie unabhängige Vorstellungen, fertig und selbstgenügsam, geistig vollziehen kann; daß sie, mit einem Wort, eine gleichzeitige und einander untergeordnete Wahrheit haben und daß sie nach einer Theorie verlangen, die über den Punkt hinausführt, wo sie sich gegenseitig auszuschließen scheinen.

Zweifellos müssen diese Behauptungen dunkel, paradox, willkürlich erscheinen. Nun, man versuche, dem zu entgehen und die idealistische und die realistische Einstellung | im Gegenüber zueinander so zu bestimmen, als ob es sich um eine Wahrheit einem Irrtum gegenüber handelte. Man wird, vielleicht mit Erstaunen, sehen, daß dies auf keine Weise möglich ist, daß man sie weder als Wahrheit noch als Illusion zu begreifen und daß man von ihnen keine Realdefinition und noch nicht einmal eine Nominaldefinition zu geben vermag.

Keine Nominaldefinition. — Von dem Augenblick an, wo man die *Existenz* des Seienden kennen und behaupten und auf die Frage: »Was ist?« antworten will, kann man nicht umhin, die *Natur* dieses Wirklichen zu untersuchen und die Frage: »Was ist das, Sein?« zu beantworten. Obschon diese beiden unausweichlichen Fragen aber nicht voneinander zu trennen sind: die Antworten gehen notwendig auseinander. Wesen und Sein scheinen unheilbar heterogen und nicht aufeinander rückführbar zu sein. »Dies ist«, behauptet man; gut, aber was bedeutet das, »Sein«? Und, wenn man nur im geringsten anstelle eines Blicks auf die reine Existenz auf die innere Natur dieser Wirklichkeit achtet, alles zerfließt zwischen den Fingern in dem Maße, wie man sie zusammenpreßt. Die Definition von »was Sein ist, insofern es ist« scheint auf ein und dasselbe hinauszulaufen. Doch je nachdem, welchen dieser Begriffe man ins Zentrum seines Interesses rückt, erhalten die Worte selbst eine jeweils andere Bedeutung. Sein bedeutet für den einen genau das, was für den anderen nicht ist, so daß jeder seinem Gegner vorwirft, zu zerstören, was er gerade retten möchte. Für den Philosophen, der vor allem nach dem Sinn von Existenz sucht, setzt alles Denken, das, unter dem zwingenden Eindruck der Sinne oder des Verstandes, eine pure Existenz annimmt, das Sein und seine reine Wahrheit aufs Spiel. Und so sind in seinen Augen Idealisten, das heißt von ihrer Wahrnehmung und ihren Vorstellungen Betrogene, jene Realisten, die an eine objektive Wirklichkeit und einen materiellen Inhalt ihrer Erkenntnis glauben. Für den

Philosophen hingegen, der sich in den Ozean des Seins mit der Überzeugung stürzt, dort das Denken aus dem Vollen schöpfen zu können, sind Idealisten, das heißt von ihrem kritischen Skeptizismus und ihrem unheilbaren Subjektivismus Betrogene, jene Realisten, die die Idee des Seins reinigen und sublimieren möchten, indem sie in der Innerlichkeit des geistigen Lebens eines Subjekts den | Typus aller wahren Existenz suchen. Die Unmöglichkeit, zu einem wirklichen Einvernehmen im Gebrauch dieser wesentlichen Begriffe zu kommen[1] und es im Hinblick darauf zu einer Verbaldefinition zu bringen, zeigt bereits, daß es in diesem Punkt noch keine philosophische Wissenschaft gibt und daß, wenn das Problem unlösbar ist, so deshalb, weil seine Formulierung nicht zureicht.

Aber auch keine Realdefinition.

Auf der einen Seite entgeht selbst der gröbste Realismus nicht der Notwendigkeit, all seinen Behauptungen einen idealistischen Sinn zu unterlegen. Vergeblich substantiviert man — zuweilen ohne genau zu wissen oder sogar wissen zu wollen, worum es sich dabei handelt — die Materie, die Körper und ihre Qualitäten, den Raum, die Verstandesbegriffe, die Vernunftprinzipien, was auch immer an Greifbarerem oder Feinerem, an Konkreterem oder Abstrakterem man auszumachen vermag; vergeblich sogar setzt man, um der Gefahr, die Natur des Seins auszuloten, möglichst vollständig zu entgehen, dieses Sein agnostisch in den geheiligten Schatten, zu dem der Zutritt verwehrt ist: müßiges Mühen, das Licht des Idealismus läßt seinen Strahl überallhin gleiten. Von dem Augenblick an, wo man eine Musterung der gegebenen Vorstellungen vornimmt, wo man Grade des Seins, Physik oder Metaphysik zugesteht, Anschein und Wirklichkeit unterscheidet, wo man denkt und darum weiß — schon dies ist genug, um die Umwandlung des bloßen Empiris-

[1] Man achte darauf, daß selbst bei Kant, und besonders bei denen, die sich gern seiner Terminologie bedienen, das Wort subjektiv einen doppelten Sinn hat. Einmal bezeichnet es die unpersönliche Notwendigkeit der Formen der Sinnlichkeit und der Gesetze des Denkens, ein andermal die undefinierbaren Eigentümlichkeiten des Lebens des Subjektes.

mus als eine Bedingung für die Wissenschaft vom Realen anzusehen. Mehr noch, selbst wenn man die totale und absolute Deckungsgleichheit des Denkens in uns und des Subsistierenden an sich behauptet, so impliziert selbst diese Hypothese noch — reflektiert und ausdrücklich formuliert –, daß das Denken richtende Instanz zur gleichen Zeit über sich selbst und über die Dinge ist und daß es dorthin dringt, wo es nicht ist, um zugleich die Einheit und die Dualität von dem, was etwas ist, und dem, was ist, zu setzen. Mit anderen Worten, man zieht — wie aus einer selbstverständlichen Wahrheit — Nutzen daraus, daß »das Ding« und »die Idee des Dings« nicht *numerisch [numero]* identisch sind, für das Zugeständnis, daß unsere Ideen real, | das heißt, daß sie zugleich in uns wie an sich sind; und man zieht Nutzen daraus, daß sie *im Denken [mente]* unterschieden sind, um vorauszusetzen, daß es eine Wirklichkeit über die hinaus gibt, die sich gegenwärtig dem Geiste darbietet. Der Realismus, der der Definition die nackte Affirmation des Seins vorzieht, kommt — und ginge er bis an seine Grenze, den absoluten Agnostizismus — nicht ohne stillschweigende Anleihen bei seinem Feind aus.

Wird es — auf der anderen Seite — dem Idealismus gelingen, *das, was das Seiende ist,* zu definieren, ohne sich jemals über *das, was ist* auszusprechen und ohne in auch nur eine Gegebenheit des Bewußtseins seine reine Idee der Existenz einbringen zu können? Nein. Vergeblich wird er versuchen, seine Kritik zu schärfen und die ontologische Leichtgläubigkeit zurückzuweisen; die Sekundärqualitäten auf primäre zurückzuführen; Bewegung, Raum, Kraft, Begriffe und Kategorien des Verstandes, Prinzipien und Gesetze der Vernunft zu »idealisieren« oder zu »subjektivieren« — es hilft alles nichts. Das Denken muß nicht nur früher oder später einmal im Mißtrauen gegen sich selbst anhalten und, des Kampfes müde, einen Mißerfolg eingestehen, indem es sich einer abschließenden Folgerung enthält. Vielmehr, von dem Augenblick an, wo man in der Reihe gedanklicher Verkettung [série du déterminisme mental] irgendeinen Begriff kritisiert oder außer Kraft setzt, kann dies nur zugunsten eines anderen Privilegierten geschehen; dergestalt, daß schon zu Beginn des Bemühens, dem ontologischen Zauber zu entgehen, der Realismus bereits gesetzt ist, der mit seinem Schatten die ganze Klarheit der geistigen Analyse umhüllt. Es gibt nicht mehr und nicht weniger Gründe dafür, das kritische Denken in seinen flüchtigen und vorwärts laufenden Idealisierungen aufzuhalten, als dafür, das metaphysische Denken in seinen unmittelbaren und rückwärts gerichteten Realisierungen zu begrenzen. Denn man kann, mit analogen und ebenso stichhaltigen Argumenten wie denen, die man gegen die Objektivität der Farbe oder des Raumes gebraucht, den Wert aller übrigen Momente der Erkenntnis zersetzen. Und mit analogen und ebenso stichhaltigen Argumenten wie denen, die man zum Beweis der Realität der Materie oder des Geistes verwendet, kann man die Objektivität der Qualitäten der sinnlichen Wahrnehmung geltend machen, die ihre irreduzible Besonderheit dem Bewußtsein mit nicht weniger Macht aufdrängen. | Der generelle und immer wiederkehrende Fehler des Denkens besteht in der Vorstellung, daß — indem es jenseits des jeweils Erreichten stets etwas Neues zu erkennen findet — es das Vorhergehende ausschöpft und in seiner Substanz entleert zugunsten des »x«, das noch aussteht. In Wirklichkeit gibt es in der Einheit des Bewußtseins nur eine Kette solidarischer Momente, deren verbundene und systematische Vielfalt genau die eine Wahrheit konstituiert. Es ist daher gleichermaßen unmöglich, ein bestimmtes Moment dieser Kette isoliert zu bekräftigen wie außer Kraft zu setzen. Man kann das eine nur gleichzeitig mit dem anderen tun.

Besteht aber, wird man sagen, das Verdienst des transzendentalen Idealismus nicht darin, uns aus diesem rotierenden Käfig befreit zu haben, indem er uns hindert, innerhalb der Reihe vor Anker zu gehen und uns das Recht eröffnet, nichts an dem vorgestellten Gegenstand [idée objet] zu behaupten oder zu verneinen? — Zweifellos ist es ein Fortschritt, die universelle Antinomie zwischen Wesen und Existenz, zwischen dem Notwendigen und dem Wirklichen herausgearbeitet, die Einheit des Determinismus der Erkenntnis ans Licht gebracht, die Solidarität der Lösungen gezeigt und die Hoffnung geweckt zu haben, dem ständigen Oszillieren zwischen Dogmatismus und Skeptizismus zu entkommen. Aber ist man nicht aufs neue und auf noch subtilere Weise von einem unaufbrechbaren Räderwerk erfaßt? Bemerkt man nicht, daß eine solche Theorie gänzlich in Abhängigkeit vom Problem der Erkenntnis steht, mit dem »x« des Gegebenen und dem unerkennbaren Wirklichen des Noumenons als Hintergrund des Bildes, mit der rationalistischen Grundentscheidung, bis hin zum Inhalt des praktischen Lebens zu deduzieren und alles auf das Formale der Intention, den Primat des Denkens, die gedankliche Lösung zurückzuführen? Schon allein dadurch, daß sie nichts Gemeinsames zwischen dem Objekt des Denkens und der Realität an sich zugesteht, hält diese Theorie den Dualismus zwischen Sein und Erkennen aufrecht — und jeder Dualismus ist eine hybride Verkoppelung von Realismus und Idealismus. Mit dem nötigen Vorbehalt betrachtet, scheint uns Kant nicht weiter von Spinoza entfernt als es Aristoteles von Platon ist. Ebensowenig wie Spinoza das Sein als Objekt aufgefaßt hat, ohne ihm insgeheim die wesentlichen Attribute eines Subjekts zu unterlegen, um es | verständlich zu machen, ebensowenig vermochte Kant bei dem angestrengten Bemühen, unter den Zügen eines Stoffs oder eines Gegenstandes des Denkens niemals das Sein erkennen zu lassen, dem Taumel des »Dings an sich« zu entgehen. Das System läßt sich nicht schließen; es kreist um sich selbst ohne Gleichgewicht und mögliche Anpassung. Dieser ganze Idealismus geht also noch von einem realistischen Vorurteil aus, führt dahin zurück, lebt davon und stirbt daran, weil der Grund für seine Aufgabe der Hoffnung, das Sein zu erreichen, darin liegt, daß er dieses nur unter der Form als zugänglich betrachtet, wo es nicht zugänglich sein kann, wo es nicht *sein* kann.

Wird der radikale Subjektivismus und absolute Idealismus diesem Zauberkreis nicht wenigstens entrinnen, wenn er — durch Unterdrücken eines der aktuellen Widersacher und unter Eliminierung derjenigen Unbekannten, die für uns undurchdringbar bleibt — das Problem auf diese Weise stellt: »Zwei anscheinend gegebene Terme sind auf einen zu reduzieren«? Oder wird nicht dieser Phänomenismus, der so tut, als ob es ein ontologisches Problem gar nicht gibt, noch besseren Erfolg haben, wenn er auf dem bloßen Spiel unserer Vorstellungen beharrt – ob sie uns nun den Begriff einer objektiven Welt vermitteln oder uns als subjektiv erscheinen — und die Frage so stellt: »Gegeben ist ein einziger Term. Wie läßt sich erklären, daß es ihrer zwei zu sein scheinen?« – Aber auch hier hat gleichermaßen die Schwierigkeit, die man zum Kern der philosophischen Untersuchung macht, nur Sinn, weil man bereits von Anfang an etwas zugibt, was der erklärten Intention gegenüber äußerlich und feindlich ist. Man geht jedoch nicht nur von der Hypothese aus, die im genauen Gegensatz zu der steht, die man erhärten möchte, und das System hat allein über eine anfängliche und ständige Anleihe bei einem Problem Bestand, das seiner eigenen Problemstellung äußerlich ist. Vielmehr taucht auch – nach dieser künstlichen Beschränkung, die die gesamte Untersuchung, *im Inneren*, einem Sachverhalt untergeordnet sein läßt, der *draußen* bleibt – genau *in* dem Umkreis, den man sich selbst vorgeschrieben hat, eine analoge Schwierigkeit zu der auf, der man hoffte entgangen zu sein. Ob man nun in der Tat das Denken für das einzig Wirkliche hält oder darin nichts als ein | einfaches Epiphänomen sieht, kurz, ob man die privilegierte Realität der Reflexivität gibt oder nimmt oder der Spontaneität nimmt oder gibt: das Duell zwischen Objekt und Subjekt findet sich im Herzen des Subjekts selbst fortgeführt als Widerstreit zwischen dem Aktuellen und dem Virtuellen, zwischen dem Erscheinenden und dem Grundlegenden. Außer man nimmt alles Wissen [science] und Untersuchen und selbst jedes klare Bewußtsein als aufgehoben an (was nicht gelingt), ist es unmöglich, eine Heterogenität abzustreiten zwischen dem, was in bestimmter Form tatsächlich gedacht ist, und dem, was sich in uns als entfaltbare Wahrheit, durchführbare Erfahrung, Tendenz oder virtuelles Wissen findet. Und wenn es schon nicht mehr gilt, Konformität herzustellen zwischen Idee und Sein, so doch, im Bewußtsein selbst, zwischen dem, was ihm gegenwärtig und was in ihm gegenwärtiggesetzt [présent — représenté] ist. Jeder Monismus geht – im Ganzen wie im Detail – eine Verbindung mit einem Dualismus ein, von dem er sich niemals lösen kann.

Wird man schließlich in einer glücklicheren Lage sein, wenn man jenen äußeren Krieg zwischen Subjekt und Objekt, das unabschließbare Epos von Idee und Sein, in uns selbst hineinverlegt? Gibt es einen entscheidenden Fortschritt nicht wenigstens in dem unlängst unternommenen Versuch, innere Beziehungen des Subjekts mit sich selbst zum einzigen Gesichtspunkt zu erheben und die dem Bewußtsein immanenten Unstimmigkeiten miteinander zu versöhnen? — Aber welche Mittel soll man dazu verwenden? Will man die unausdrückbaren Unmittelbarkeiten des geistigen Lebens den Fehlinterpretationen des Verstandes und der Sprache entgegensetzen? — aus dieser unerkennbaren Täuschung eine Theorie machen? — behaupten, daß das wahre Wissen den Unterscheidungen und Abstraktionen des Intellekts vorausliegt? Oder will man annehmen, daß die einzige Illusion in dem Willen besteht, sich selbst zu desillusionieren und zu richten, indem man sich sozusagen unter die Arme faßt und von der Erde hochhebt? — Diese ganze Bemühung ist so instruktiv wie vergeblich. — In dem Augenblick, wo man feststellt, daß man sich, je mehr man denkt, desto weiter von der intuitiven Fülle entfernt, versucht man die Wiederannäherung, indem man denkt. In dem Augenblick, wo man das Denken zum Sündenbock macht — mit allen Absurditäten der Welt beladen und aus dem Lager gejagt –, führt man es als das | makellose Instrument der Desillusion und des Heils im Triumph zurück. In dem Augenblick, wo man zeigt, daß es nicht nur eine faktische Disproportion zwischen dem Denkenden und dem Gedachten gibt, sondern sogar die formelle Unmöglichkeit, daß das Reflektierte und das Spontane sich aufeinander zurückführen lassen, sucht man das Wissen in den schöpferischen Initiativen der Reflexion und sagt man, daß es unmittelbar in der Entfaltung des Lebens seinen Platz hat. In dem Augenblick, wo man den Philosophen vorwirft, sie beurteilten ihr integrales Denken mit einem Denken, das nicht das ihre ist und dennoch das ihre bleibt, und wo man die geistige Kraft und souveräne Energie der Aktivität, die sich mit einer anarchischen Originalität manifestiert, zum einzigen Kriterium erhebt, bezieht man sich stillschweigend auf das, was die Kraft definiert und den Ge brauch der Energie fordert, als auf eine Gegebenheit und ein Hindernis.

Was man auch immer macht, ob man nun auf der Realität oder der Natur des Seins beharrt, auf der Konformität von Subjekt und Objekt oder der Inkompatibilität von Denken und Sache, auf dem Problem der Transzendenz oder dem Problem der Immanenz selbst: nichts kann man behaupten, ohne es abzustreiten, nichts abstreiten, ohne es zu behaupten; man kann es nur zugleich behaupten und abstreiten. Darum genügte es, im Titel dieser Arbeit von der »idealistischen Illusion« zu sprechen, weil diese — wie es auch bei dem entgegengesetzten Titel der Fall wäre — alle übrigen Illusionen heraufbeschwört. Denn das Wort »Idealismus« bleibt durchaus zweideutig. Es bezeichnet ebensogut den metaphysischen Zauber von der objektiven Vorstellung [idée-objet] wie die Faszination des subtilsten Subjektivismus. Um die seltsame Einheit dieser zweifachen Täuschung festzuhalten, würde man gern zu dem ungewohnteren Ausdruck *intellektualistische Illusion* Zuflucht nehmen. Ist es nicht beunruhigend, zwei derart feindliche Tendenzen bei sich festzustellen, derart miteinander verbunden, daß man der einen nur Genüge tut, indem man sich unmittelbar widerspricht, und daß man, wie es scheint, nicht der Notwendigkeit entgeht, sich in diese Sackgasse hineinzubegeben? |

II.

Bei all dem handelt es sich dennoch nur um eine künstliche Schwierigkeit, einen aus einer verkehrten Lage entstehenden Alptraum, der zum Aufwachen führt. Einmal davon erwacht, kann man seinen Schrecken und seine Nichtigkeit erklären. Man könnte sich nicht einmal Rechenschaft über diese unbegreifliche Qual des Denkens geben, man würde nicht nach dem Heilmittel suchen, wenn man nicht bereits die Heilung gefunden hätte. Die früheren Versuche — hinsichtlich derer man noch eingehender zeigen könnte, daß sie in dem Maße vergeblich bleiben, wie sie darauf beharren, mit Hilfe des Traums der reinen

Spekulation die Philosophie und selbst das Leben zu bauen oder zu zerstören — erscheinen, wie bei einem glücklichen Erwachen, alle höchst sinnvoll, wenn man sie — wie zu zeigen sein wird — der These unterordnet, die sie bereits vorbereiten, während sie noch dabei sind, sie abzustreiten.

Um den einzigen Weg aufzuzeigen, der für eine Lösung offenbleibt, genügt es in der Tat, die Schwierigkeiten, die sich vor uns angehäuft haben, in aller Klarheit auszusprechen. Was Hindernis zu sein schien, wird dann Bewegungsprinzip werden. Was wir festgestellt haben, ist die Unmöglichkeit, irgendeine Gegebenheit des Bewußtseins legitim zu vollziehen, irgendein Glied der Reihe effektiv zu bestreiten und dabei der Notwendigkeit zu entgehen, ein Detail oder das Ganze dieses Determinismus, der die Einheit des Bewußtseins durch die Solidarität all seiner Gestaltungen bildet, als unbestreitbar und doch zugleich unrealisierbar zu betrachten. Nun, lassen wir diese Feststellung als das pure und einfache Gegebensein eines ursprünglichen und autonomen Problems gelten, untersuchen wir seinen Sinn. Fragen wir danach, unter welchen Bedingungen man in der Tat begreifen kann, daß jedes Gegebene gleicherweise *Wirkliches* ist, ohne *das Wirkliche* zu sein.

Das sieht so aus, als ob wir ein Rätsel aufgeben wollten. Es sind indes zwei Selbstverständlichkeiten, die den Schlüssel zu seiner Lösung an die Hand geben: 1. Bevor man den Wert unseres Denkens untersucht, muß man wissen, was wir tatsächlich denken. 2. Das Handeln [action] und die Idee des Handelns sind nicht Dinge, die identisch und konvertierbar wären. — Die Integration | dieser beiden Selbstverständlichkeiten in die Kette der philosophischen Wahrheiten und der kurze Aufweis ihres gemeinsamen Bandes wie der angrenzenden Bereiche wird der Gegenstand der folgenden Ausführungen sein.

1. — Da es sich als unmöglich erwiesen hat, in der Reihe unserer Vorstellungen [représentations mentales] irgendein Moment als privilegiert oder ausgeschlossen herauszuheben, besteht die erste Aufgabe einer jeden philosophischen Untersuchung darin, die zusammenhängende Kette des Denkens so vollständig wie möglich abrollen zu lassen, ohne irgendein realistisches oder

idealistisches Vorurteil. Bei diesem methodischen Vorgehen handelt es sich keinesfalls um die gewissermaßen subjektivistische Annahme, das Bewußtsein ließe uns nicht mehr aus sich heraus. Es geht auch nicht um die in einer Art von phänomenalistischem Ontologismus getroffene Behauptung, daß unsere inneren Zustände nichts als innere Zustände sind, vielmehr einfach darum zu wissen, was tatsächlich Inhalt des Bewußtseins ist. Diese Frage — die nicht einmal mehr eine Frage aufzugeben scheint und von der man gern zugestehen wird, daß sie vor jeder anderen aufgegeben ist, eine Frage, die dennoch ein Unendliches in sich birgt –, diese Frage ist allerdings für gewöhnlich ein toter Buchstabe geblieben. Warum? Weil, um sie zu verfolgen, ohne sie unter Hand zu erschweren, man zunächst durch eine systematische Reflexion begreifen muß, daß der gesamte Bereich des Geistes [complexus mental] ein Ganzes bildet, das in all seinen Teilen verbunden ist; daß auch die heterogensten Formen der Erkenntnis solidarisch sind; und daß infolgedessen eine unendliche Kluft zu überschreiten ist — von uns zu uns, unserem Oberflächenbewußtsein zu unserem Tiefenbewußtsein, unserem aktuellen Wissen zu unserem virtuellen Wissen. Mit welchem Recht sollten wir also ein Glied, ein besonderes Problem, künstlich herauslösen, um gesondert über sein Geschick zu entscheiden, bevor wir wissen, wodurch es gehalten ist und was es seinerseits hält? Jedes Ding so sehen, wie es uns gegeben ist, nicht mehr, nicht weniger; aus dem, wie es erscheint, das machen, was es für uns ist; genau die spezifische Verschiedenartigkeit jeder Stufe festhalten — Materie, wissenschaftliches Symbol, rationale oder moralische Begriffe –: das heißt sich von allem Zauber befreien. Das aber ist nur unter der Bedingung möglich, daß man die Homogenität des integralen Problems umfaßt. |

Um zu wissen, was man im authentischen Sinn denkt, und um sich für sich selbst *explizit zu machen*, ergibt sich also eine erste — notwendige wie zugleich in Vergessenheit geratene — Aufgabe. Man muß an die Stelle der Frage nach der Übereinkunft von Denken und Realität bzw. nach der objektiven Geltung des Subjektiven das gleichwertige und doch ganz andere

Problem der immanenten Angleichung von uns selbst an uns selbst treten lassen. Um die so präzisierte und in uns rückversetzte Schwierigkeit lösen zu können, legt sich natürlicherweise eine neue Methode nahe, die dem Subjektivismus wie dem Objektivismus gegenüber gleich fremd ist. Die so beschriebene Aufgabe erschiene vielleicht ganz einfach, wenn unser Geist sich nicht an ganz andere Grundeinstellungen gewöhnt hätte. — Auf der einen Seite wird man in der Tat einwenden (immer noch aufgrund einer voreiligen ontologischen Neugier am verkehrten Ort): »das Denken erkennt sich so, wie es ist, und es ist das, als was es sich erkennt; das Bewußtseinsfaktum ist nicht mehr und nicht weniger als das, was es an Sein zu Bewußtsein bringt; dem Vernunftsbeweis braucht man nichts hinzuzufügen und er läßt nichts zu wünschen übrig; es ist legitim und möglich, von einem Seienden zu beweisen, daß es ist, ohne Einblick in das, was es ist; das Subjektive muß als das Unbestimmte und Willkürliche aus der Wissenschaft eliminiert werden; das vorgebliche Problem einer immanenten Angleichung ist in Wirklichkeit keines.« Man denke aber zum Beispiel nur über die unbegrenzte Synthese der mathematischen Konstruktionen nach, die sich allein so ergeben, daß der Verstand sich auf sich selbst und seine klarsten Ideen bezieht: man wird zugeben müssen, daß es gar nicht so leicht ist, das Denken auszuschöpfen, nicht leichter, als in einer metaphysischen Argumentation den Reichtum einer bejahenden Aussage wie der über Gott zu umfassen, selbst wenn man sie bloß in der subjektiven Idee betrachtet, die wir von seiner Fülle haben. — Auf der anderen Seite wird man einwerfen: »Wenn man, um sich über die grundsätzlichsten Fragen ein Urteil zu bilden, warten muß, bis man die Inventur fertig hat, ist überhaupt nie eine Schlußfolgerung möglich; das subjektive Leben ist ein ständig Neues und ein unendliches Wachsen; unser Erkennen ist niemals all das für sich, was es an sich ist, und, unfähig, auch nur der geringsten unserer Ideen gleichzukommen, | wird unsere Analyse nie bis zu unserer Individualbestimmung vordringen.« Gewiß reicht die spekulative Analyse nicht aus! Daher verbietet es sich, unter der Hypothese zu argumentieren, daß diese Analyse selbst den wahren

Lösungsweg hergeben müsse; daß alles sich im Inneren der Idee, von ihren Quellen abstrahiert, klären würde und daß man mit Ja oder Nein über das Verhältnis eines unbeweglichen Begriffs zu einem unbeweglichen Sein zu befinden habe. Das hieße, kurz gesagt, gerade vergessen, daß das Denken sich selbst die eigene Unbekannte wie sein eigenes Werkzeug ist und daß das, was es als konkreter, lebendiger, voller Akt ist, der Reflexion das Ziel an die Hand gibt, das es zu entdecken gilt, und das Mittel, sich diesem fortschreitend anzunähern. So ergibt sich aus dem Problem selbst, sofern es nur einmal begriffen ist, die Methode.

In der Tat, solange man das zu ermittelnde »x« in der Übereinstimmung der Vorstellung mit einem Objekt sieht oder man in das Subjekt auf dem Weg einer dialektischen Analyse einzudringen sucht, die es faktisch noch als ein Objekt behandelt, ist keine Lösung und kein wirklicher Fortschritt in Sicht. Ganz anders verhält es sich von dem Augenblick an, wo die Unbekannte in uns ist, wo wir selbst sie sind; von da an, wo, kurz gesagt, die zu gewinnende Wahrheit kein externes Abstraktum, sondern ein internes Konkretum darstellt. Denn wenn auch das »x« des objektiven Denkens unzugänglich und unbestimmbar ist: das »x« unserer eigenen »Gleichung« mit uns selbst kann erreicht und nach und nach bestimmt werden. Und wie? Durch die Arbeit des Lebens selbst, die fortschreitend aus unseren Strebungen und noch ungeordneten Gedanken eine klarere und vollere Erkenntnis gewinnt. Die Lösung liegt stets in uns selbst. Vorläufig bestimmt in jedem unserer Augenblicke, der der letzte sein könnte, zeigt sie sich mehr und mehr und wird sie reicher durch die Anstrengung, die wir unternehmen, um sie ans Licht zu bringen. Indem wir nämlich zu verstehen suchen, welches die Lösung ist, kommen wir zu einer besseren Unterscheidung dessen, was sie sein soll; indem wir gewissermaßen darauf hinwirken, daß sie sei, was sie soll, tragen wir gleichsam dazu bei zu besitzen, was sie ist. Auf diese Weise werden wir reicher, indem wir uns gleichzukommen trachten, weil das, was in uns eingegossene Gabe ist, durch das Werk der Spontaneität | Ideal vor dem Bewußtsein, durch die Arbeit des Geistes Forderung angesichts des Willens, durch die Verwirklichung der Tat [acte] persönlicher Besitz der Wirklichkeit wird. So ergibt sich aus der Methode, sofern man sie praktiziert, die Theorie.

Wir können daher nicht wir selbst bleiben, ja nicht einmal werden, ohne uns ständig zu überschreiten. Aber in dieser Abhängigkeit gibt es nichts, was unserem innersten Wunsch [voeu] nicht konform wäre. Denn wir suchen nichts in uns, was dort nicht bereits im Keim angelegt, und wir finden dort nichts, was nicht durch die Arbeit der Reflexion zur Evidenz und Geltung gebracht wäre. Wir fügen nichts zur Erkenntnis hinzu, was nicht aus dem Innern des Lebens erwüchse, und wir geben nichts ans Leben zurück, was nicht Errungenschaft der geistigen Aktivität wäre. Wirklich in sich eindringen heißt notwendig, sich umzuwandeln. Es scheint, daß die meisten, um nicht zu sagen alle, Theorien versucht haben, ein äußeres Kriterium zu ermitteln, einen Perspektiven- oder Zustandswechsel zu fordern, entweder Verstand oder Willen zu reformieren, kurzum, uns zu anderen zu machen, als wir uns kennen, und nichts so zu erklären, wie wir sind, sondern wie wir nicht sind. Man muß im Gegenteil in unserem wirklichen und aktuellen Zustand die Erklärung und die Regel suchen und so in dieser Gesamthaltung das Geheimnis des Urteils finden, das wir auf uns selbst und unsere Beziehungen mit allem anwenden sollen. Und auf diese Weise ergeben sich aus der Theorie, insofern sie sich bestimmt, das Beurteilungskriterium für das Denken und die Orientierungsregel für das Handeln [action].

Kurz, die aufmerksame Untersuchung des Gesamtkomplexes des Bewußtseins zeigt uns nicht nur, was wir tatsächlich denken, ohne daß sie uns ein Anhalten auf der Oberfläche von Vorurteilen gestattet, die nichts im Grunde unseres wirklichen Denkens ändern. Sie bringt uns vielmehr auch nach und nach vor Augen — als praktische Forderungen und Urteilsprinzipien — was anfangs nur der Ausdruck des inneren Determinismus war. — Das ist noch nicht alles. Diese Analyse schon der Bedingungen unseres geistigen Lebens offenbart uns nicht nur die faktische Disproportion, die immer wieder aufbrechende Ungleichheit zwischen dem, | was wir von uns erkennen, und dem, was wir sind; sie führt uns auch auf den richtigen Weg, um —

durch ein dem Denken gemäßes Handeln — auf eine fortschreitende Angleichung des Denkens an das Handeln zuzugehen: um mehr zu erkennen, muß man sich eines anderen als der Erkenntnis bedienen. — Die Analyse zeigt uns schließlich — was noch besser heraustreten wird –, daß diese Ungleichheit kein bloß bei- oder vorläufiges Faktum, sondern das Wesensgesetz des Lebens und die erste Wahrheit der Philosophie ist. Denn das Denken erreicht sich nicht nur gleich zu Anfang nicht völlig in seinem An-sich. Über diese bekannte und heilbare Insuffizienz hinaus erkennt es vielmehr eine notwendige Heteronomie, gesteht es die Unterordnung seines Problems unter andere Elemente zu, als es selbst bereitstellt: um ganz den Geist der Wahrheit zu haben, muß man zugeben, daß man nicht die ganze Wahrheit im Geist hat.

Damit sind wir bei der zweiten Selbstverständlichkeit angelangt: »Sagen und tun, denken und leben sind zweierlei.« War das übrigens nicht bereits die Bedeutung der eigentümlichen Formulierung, zu der uns die Kritik des Idealismus und des Realismus geführt hatte? »Alles, was dem Bewußtsein gegeben ist, muß ebenso zu einer wirklichen Wahrheit erhoben werden, zum Glied einer homogenen Reihe. Dabei darf es einerseits kein privilegiertes oder ausgeschlossenes Moment geben und andererseits darf keines der Momente als ein Absolutes betrachtet werden, das so für sich existiert, wie es erkannt wird.« Es ging also darum, in uns, durch unser Denken, selbst etwas zu finden, das anders ist, als wir wissen, und mehr, als wir denken. Der Sinn des Rätsels klärt sich durch folgende Interpretation: »Bei dem einfachen Versuch zu identifizieren, was wir wirklich und unweigerlich denken, bringen wir die Wahrheit zur Evidenz, die alle anderen leitet und alle wissenschaftlichen Untersuchungen wie jede Bewegung des Lebens initiiert. Diese Wahrheit läßt sich so bestimmen: Auch wenn als adäquat angenommen, ist doch das Denken heterogen im Hinblick auf das Handeln [action] und ersetzt es nicht. Wir denken notwendigerweise, daß unser Denken immanent in sich ein Element von Transzendenz enthält, eine reale Heteronomie, die aufgrund seiner idealen Autonomie postuliert ist.« |

2. — Das Leben und die Erkenntnis des Lebens sind verschiedene Dinge. — Wer hätte das je geleugnet? wird man fragen. Nun, theoretisch zweifellos niemand, praktisch aber nahezu alle, insbesondere die Philosophen, die faktisch, in der Organisation ihrer Systeme, diese Gleichsetzung impliziert und sie dabei nicht einmal in Frage gestellt haben. Descartes hat fast als einziger daran gedacht, diese Gleichsetzung beiläufig zuzugeben: »Das Handeln und die Idee vom Handeln sind durchaus eines«.[2] Das geht soweit, daß selbst die, die die Praxis der Spekulation entgegensetzten oder voranstellten, doch nur von der Theorie der Praxis gesprochen haben. Nein, das Handeln und die Idee vom Handeln sind heterogen und nicht aufeinander rückführbar.

Diese Wahrheit, die man für gewöhnlich abstritt ohne es zu bemerken — zweifellos, weil man sich nicht die Mühe machte, sie ausdrücklich zu affirmieren –, diese Banalität, die man nicht in die Philosophie einbezogen hat, sie scheint — wie sich zeigen wird — das Zentrum der Perspektive zu bilden, auf die hin alle Wege des Denkens konvergieren. Sie muß das gründlich reflektierte Prinzip der systematischen Organisation einer integralen Philosophie werden. Es kann hier zweifellos nicht einmal in groben Zügen skizziert werden, wie von diesem Gesichtspunkt aus alle traditionellen Thesen neu aufgenommen werden müßten. Wir wollen uns mit einem raschen Blick darauf begnügen, wie das realistische oder idealistische Problem der Beziehungen zwischen dem Denken und dem Gedachten sich verwandelt und einer Lösung zugeführt findet.

Wie läßt sich mit einem Wort die *terra incognita* umreißen, in die es vorzudringen gilt? Sie besteht in dem Abstand, der jede Erkenntnis von der Lage der Dinge trennt, die sie zum Ausdruck bringt, und jede Idee von dem Handeln, auf das sie sich richtet.

Bei dem Bemühen, das, was klar unterschieden durch uns gedacht ist, mit dem zur Einheit zu bringen, was denkt, was lebt, was in uns ist, werden wir in der Tat — von Zustand zu Zustand, von Entdeckung zu Entdeckung — dazu geführt, die

[2] Vgl. unten S. 113f., Anm. 26 (Anm. d. Hrsg.).

gesamte Reihe unserer Vorstellungen ablaufen zu lassen und die Wissenschaft sowohl des außen Erscheinenden wie des innen | Bewußten zu betreiben. Um schlichtweg zu wissen, was in unserem gegenwärtigen Gedanken ist, werden wir auf diese Weise mitgerissen, die Welt sowohl der Sinne wie die der Vernunft, die Natur- und Geisteswissenschaften in jenen Balancezustand zu bringen, wo wir anscheinend nur uns selbst im Gleichgewicht mit uns zu finden suchten. Und das Gleichgewicht ist keineswegs bereits hergestellt. Denn der Denkakt, in dem es glückt, etwas von dem Unbekannten unseres Lebens ans Licht zu bringen, legt neue Bedürfnisse mit neuen Schätzen offen, läßt seinerseits aus dem gelösten Problem ein weiteres hervorgehen und bleibt transzendent der Erkenntnis gegenüber, die er uns erworben hat, transzendent demgegenüber, was er von sich selbst zum Ausdruck bringt. Man darf in der Tat nie vergessen, daß alles Denken Akt und Erkenntnis zugleich ist. Wenn auch die Erkenntnis der Extrakt oder die Ablagerung eines ganzen Lebens ist, das sich auf dieses Erkennen hin entwirft und konzentriert: der Akt selbst, der diese Synthese bewerkstelligt, ragt über die abstrakte Gegenwärtigsetzung, die davon bleibt, hinaus. Ebendarum ist das Reflektierte stets mehr und zugleich weniger als das Spontane, weniger und mehr als das Objekt, für dessen buchstäbliche Reproduktion man es allzuschnell hält.

Wenn das Erkennen zunächst das zum Ausdruck bringt, was in uns ohne uns[er Zutun] ist, so soll es schließlich dem Ausdruck geben, was in uns durch uns sein wird. Denn insofern die Vorstellung stets heterogen dem Akt gegenüber ist, dem sie entspringt, ist die Erkenntnis — und dabei tut wenig zur Sache, wie sie zustande kam — immer nur ein Mittel, um weiterzuschreiten und darüber hinaus zu handeln. Jede Statik des Denkens ist verkehrt. Jede Philosophie, die in ihrer intellektuellen Autonomie vermauert und den Forderungen der Praxis gegenüber geschlossen bleibt, ist illegitim. Man hatte als einzige Alternativen angesehen, daß das Denken entweder alles sei (das heißt, daß es durch sich allein an das Sein und das Absolute herankäme) oder nichts (das heißt, daß es unfähig bliebe, aus sich herauszukommen). Nein, es ist weder alles noch nichts, das heißt, es ist bedingt und bedingend zugleich. Aus der bereits in uns verwirklichten Aktivität geboren, kann es seine Vitalität und seinen Wert nur bewahren, indem es Licht und Kraft im Dienst der es zukünftig verwirklichenden Aktivität wird. Wir können nicht | rückwärts auf unsere Quelle blicken, ohne nach vorn auf unser Ziel hin gerufen zu sein. Allerdings, wenn es auch erlaubt ist, als Wissenschaftler [en homme de science] eine Untersuchung des Determinismus zu unterlassen, den das Bewußtsein im psychologischen Sinn umfaßt: der Handelnde [l'homme d'action] in jedem von uns darf sich nicht dem Determinismus entziehen, vor den ihn das moralische Bewußtsein stellt. Aus dem Wirklichen hervorgegangen, Teil des Wirklichen und unterwegs zum Wirklichen, ist das Denken nicht dazu da, um uns das Wirkliche im Schauspiel vorzuführen, sondern um es uns erwerben zu lassen.

Hier geht es allein um die Antwort, die man dem Idealismus wie dem Realismus entgegenzusetzen bzw. einzuräumen hat; und diesbezüglich dürfte sich nun die einzig wirksame Weise zeigen, das Sein zu verneinen oder es zu bejahen. (Um richtig zu begreifen, was man im Hinblick auf das Sein abstreiten kann, muß man erst bestimmen, was man im Hinblick darauf nicht abstreiten kann; denn es gibt stets einen Zusammenhang zwischen diesen beiden Bereichen, deren Grenzen fließend sind.) Nicht bestreiten kann man das, was sich spontan dem Bewußtsein aufdrängt — als Ergebnis der Erfahrung, Echo unserer Natur, Forderung des Lebens. — In dieser Hinsicht darf man sagen, daß es einen gegenüber allen Negationen resistenten Dogmatismus, eine von keiner Perversion zu verderbende einfache Authentizität gibt, ein unwandelbares Urteilsprinzip, das alle Verwitterung überdauert. Allerdings, nur das in Betracht zu ziehen, was passiv vergegenwärtigt wird; die Gegebenheiten der spontanen oder erworbenen Erkenntnis über sich ergehen zu lassen; das Denken in seiner geronnenen Buchstäblichkeit als Definition und nicht als Akt anzusehen: das ist soviel, wie nur das zu bewahren, was man nicht abstoßen kann; wie, in dem Versuch, das Sein hinreichend von außen, als ihm selbst und uns äußerlich, zu erkennen, es in äußerster Radikalität zu verneinen. — In dieser Hinsicht darf man sagen, daß jedes System, das sich darauf versteift, das Sein am Ende einer spekulativen Untersuchung anzusiedeln, letztlich mit seinen Behauptungen scheitert. Denn die Fülle des Seins hat ihren Ort genau in dem, was die abstrakte Idee von dem Akt trennt, aus dem sie hervorgegangen ist, von dem Akt, auf den hin uns zu orientieren die einzige Bestimmung dieser Idee ist. Sich an dem Abgelagerten, dem Gedachten, festzuklammern, als ob dies das Wirkliche wäre, hieße soviel, wie die Leiche des Vaters | dem Leben des Sohns vorzuziehen. — Man muß noch weiter gehen; denn es ist nicht einmal möglich, in der geschlossenen Unbeweglichkeit des Egoismus und des geistigen Stolzes zu verharren: es muß gehandelt werden. Und anders handeln, als es die innere Klarheit von uns fordert, heißt, sich vom Sein zu entfernen, ohne aufzuhören, von ihm gehabt zu haben, was man von ihm gesehen hat, ohne aufzuhören, dafür verantwortlich zu sein, was man von ihm verliert und vergißt. Verlieren ist mehr als abstreiten; daher gibt es eine privative Erkenntnis, die eine positive Gravur hat, die etwas ist, das den Tod überdauert.

Was hieße nun im Gegensatz dazu, das Sein zu bejahen, es wirklich zu begreifen? Dazu genügt nicht, aus dem Leben, das — nach einem Wort Pascals — »ganz Natur« in uns ist, die Integralsumme der Erkenntnisse zu ziehen, die die Erfahrung und die geistige Initiative ans Licht des Gedankens bringen. Diese erste Aufgabe wäre selbst nicht einmal völlig möglich ohne eine zweite, vorrangigere: das, was das Denken uns an Klarheit und Hilfsmitteln zuträgt, nutzen, um in der Praxis dem zu entsprechen, was es von uns fordert; im Akt stets den notwendigen Kommentar zur Spekulation suchen; den faulen Gewohnheiten und dem paralysierenden Egoismus entkommen; uns öffnen für die Lehren der Dinge und die Lehren des Seins; uns selbst verlassen, um uns durch die Anstrengung und das Opfer bereichert wiederzufinden. Denn wir kommen keineswegs durch das *Sehen [vue]* allein, sondern durch das *Leben [vie]* im Sein voran, indem wir so etwas wie einen Sprung der Generosität über die Tragweite der vom Intellekt geleisteten Rechtfertigungen hinaus machen. Besitzen ist mehr als behaupten; aber man kann nur besser behaupten, indem man mehr besitzt: wir können nicht mehr Sein im Geist haben, ohne es auch mehr in unseren Akten zu haben. Mag es auch keine nach draußen offenen Fenster geben: es gibt Türen, durch die wir Einlaß zu uns gewähren, indem wir uns geben. Es wäre nicht gut, und es ist auch nicht möglich, daß der wirkliche Fortschritt unserer Erkenntnis des Seins von einer Kopfarbeit abhängt, ohne daß eine Änderung unseres ganzen Seins dem vorausgeht, es begleitet und ihm folgt. | Daher gibt es eine innerlich wahrgenommene Fülle an Sein, die aus keiner verbalen Kommunikation, keiner äußeren Gegebenheit, keinem für auch noch so apodiktisch gehaltenen Beweis kommen kann. Je nachdem, wie man gelebt, gehandelt, gewollt, geliebt hat, ist man anders, erkennt man anders, besitzt man anders, hat man andere Dinge, ein anderes Gespür, Fassungsvermögen, Lebensgefühl. Gewiß kann man niemandem, der dafür keinen Sinn entwickelt hat, eine explizite Vorstellung von diesem Zuwachs vermitteln, der unser einziges wirkliches Glück ausmacht. Aber genau das ist nötig: indem man mehr und mehr versteht, daß das Denken ein Bestandteil des Lebens ist, muß man sich vor jeder gefährlichen Rückkehr des Idealismus hüten und die fehlgeleitete Wissenschaft meiden, die uns vom Leben dispensieren möchte.

Aber, so mag man einwenden, bedeutet der Verzicht auf den festen Halt einer unverrückbaren Definition nicht, Denken und Handeln ohne Anker und Kompaß treiben zu lassen, geleitet allein von der Willkür des Eigensinns und den mystischen Inspirationen des Herzens? Keineswegs. Obschon diese dem Sein immanente Regel aus der Gesamtbewegung des Lebens gewonnen und selbst beweglich ist, weist sie dennoch mehr Strenge und Autorität auf. — Mehr Strenge: Sie ist nämlich koextensiv mit dem, was wir wissen und tun. Sie hängt von keiner Laune des Willens und keiner zufälligen Erkenntnis ab, weil es nicht darum geht, darauf hinzuwirken, daß das, was man will, sei, sondern zu wollen und zu handeln mit dem Ziel, freizusetzen, was ist, indem gelebt wird. Mit vollendeter Präzision ist sie von sich her auf die unendliche Komplexität der praktischen Probleme anwendbar, für die die Kasuistik — wie eine Symptombehandlung, die aufgrund des für jede objektive Regel typischen Mangels an Anpassungsfähigkeit stets unzureichend bleibt — nur approximative Lösungen anbieten kann. — Und auch mehr Autorität: Denn diese Regel ist keine auferlegte Instruktion, im Sieb des Geistes hängengeblieben, durch die abstrakte Dialektik begründet, sondern ein akzeptiertes, lebendiges Gesetz, dessen sämtlichen Forderungen ihre Wurzeln, ihren Kommentar, ja schon ihre Verbindlichkeit im tiefsten Ursprungskern des Seienden haben, das sie kennt, und in genau dem Maße, wie es sie kennt. Sie läßt daher ein Wachstum in der | Bestimmung der Pflichten zu — nicht als ob es diese Pflichten zu erfinden gälte: sie müssen entdeckt werden, und es gibt eine Wissenschaft dieser geistigen Bedingungen der Phylogenese wie der Ontogenese der Moral. Es ist wahr, daß sich eine solche Regel nicht wie ein ein für allemal gegebenes, mechanisch auf alle Fälle anwendbares Rezept formulieren läßt. Schon Aristoteles sagt aber: für das, was sich selbst bewegt, ist auch das Gesetz beweglich.

Heißt dies, daß wir also darauf beschränkt sind, dieses Ziel — das sich wie eine Fata Morgana in dem Maße zurückzieht, wie wir vorangehen, um es zu greifen — zu verfolgen, ohne es jemals zu erreichen? Nein, und zwar aus dem folgenden Grunde. Wenn es schon wichtig ist, das fortschreitende Wissen über unseren Weg auf das Sein hin zu entfalten, so ist von noch größerem Belang die Bestimmung und Realisierung der Disposition, ohne die jede, selbst die reichste Erkenntnis verkürzt und ausständig bleibt und durch die jedes, selbst das ärmste und unwissendste Denken in seiner Integrität das rechte Gespür für die Wahrheit [l'esprit de la vérité] und so etwas wie das Angeld des Seins besitzt. Alles hängt in der Tat von unserer grundsätzlichen Haltung angesichts des immer wiederkehrenden und stets gleich dringlichen Problems ab, das wir ständig in unmittelbarer Konfrontation mit der Antinomie zwischen unserem Wesen und unserem Dasein zu lösen haben. Denn wenn keiner unserer Teilsiege einen Wert hat, es sei denn durch die Gesamtlösung, so ist all unser Reichtum im Detail wertlos ohne die Disposition auf das Ziel. Von dem Augenblick an, wo sich die Philosophie in sich einschließt in der Absicht, sich selbst und dem Leben zu genügen, ist sie widernatürlich. Und da selbst eine durchgeführte Wissenschaft nie die durchzuführenden Taten ersetzen kann, muß der Verzicht auf den Stolz des Geistes der letzte Punkt des für alle gültigen Weges bleiben, der zur Wissenschaft und zum Sein führt, wie er auch dessen Ausgangspunkt ist.

Sehen wir nun für einen Augenblick davon ab, daß vom Ausgangs- bis zu dem erwähnten Zielpunkt die Verbindung unserer Vorstellungen fortlaufend wie eine zusammenhängende Kette ist, und suchen wir in den oben dargestellten Theorien nicht die in ihnen gefangengehaltenen Wahrheiten auf, die ihnen zu schaffen machen, | sondern die Illusionen und Barrieren, die sie ans Licht zu kommen hindern, so wird deutlich, unter welch äußerst kontrastierenden Aspekten die beiden antagonistischen Auffassungen in Erscheinung treten.

Auf der einen Seite wird eine übergreifende Auffassung sichtbar, von der Idealismus und Realismus in all ihren abgewandelten Gestalten nur hybride Unterarten sind. Man kann sie »Intellektualismus« nennen, in diesem fundamentalen Irrtum läßt sie sich zusammenfassen. Der Gedanke als *Faktum* wird hier für sich genommen, getrennt von dem eigentlichen *Akt* des Denkens. Er wird betrachtet nicht als Niederschlag oder als Widerhall des physiologischen wie zugleich sittlichen, des allgemeinen wie des individuellen Lebens, sondern als eine Wirklichkeit in der Luft, von seinen ursprünglichen lebendigen Wurzeln gelöst, hinsichtlich seiner natürlichen Verzweigungen verstümmelt; er wird wie eine Mumie untersucht, die sich unbeweglich gleichbleibt. Auf diese Weise in den Blick genommen, wird die Vorstellung [idée] — in der nichts von dem subjektiven Leben bleibt, aus dem sie hervorgeht, sondern die in Hinsicht darauf nicht mehr als der enge Ausdruck einer Idiosynkrasie ist — wie ein abgetrenntes Seiendes behandelt. Und diesem Seienden, das außer seiner logischen Kontur keine Seele hat, weist man die Aufgabe zu, souverän über seine inneren wie universellen äußeren Beziehungen zu entscheiden. Ob man aus ihm nun durch Abdruck einen Doppelgänger der Gegenstände in jedweder Situation macht, mit denen es in Beziehung tritt, oder ob man ihm verbietet, mit Seiendem in Berührung zu kommen: diese ideal-wirkliche oder wirklich-ideale Mißgeburt unterwirft alles ihrer Macht zur metaphysischen Konstruktion oder kritischen Destruktion. Selbst das praktische Leben gerät in Abhängigkeit von ihren Beweisführungen, und die ethischen oder religiösen Anordnungen finden sich durch die ihr allein zukommenden objektiven Deduktionen legitimiert oder aufgelöst. Das Abstrakte und Generelle stellen die Regel für das Konkrete dar. Das Besondere, Individuelle und Subjektive sind aus der Wissenschaft eliminiert. Alles wird unter der Gestalt eines unpersönlichen Rationalismus betrachtet, durch einen festgelegten, starren Gedanken ohne Eingeweide, ohne Öffnung und Bewegung, ohne Ahnung von einem Inneren der Dinge, voreingenommen, intolerant, despotisch. Und wenn die Kritik diesen eisernen Knebel durch den Aufweis der Unmöglichkeit einer Versöhnung von Vorstellung und Sein zerbricht, | weil die Vorstellung das Sein in der Gestalt faßt, in der es nicht sein kann, so verliert sich diese Vorstellung – völlig unvorbereitet, in dem Leben, woraus sie hervorging, den Halt zu finden, dessen sie bedarf – in den dialektischen Konstruktionen und in der Anarchie des intellektuellen Individualismus. So bleibt dieser Philosophie nur die Wahl zwischen Prokrustes und Proteus. Die beiden Extreme, zu denen der Intellektualismus führt und die eines das andere in sich tragen, lassen sich so formulieren: »Die Erkenntnis der absoluten Wahrheit, sprich: der Einheit von Wissenschaft und Leben, ist zuhöchst die Wissenschaft vom Leben. Das Denken ist die höchste und, genau betrachtet, die einzige Gestalt, in der das Absolute faßbar wird.« Und, auf der Gegenseite: »Sein und Denken, Wesen und Dasein, Ethik und Metaphysik sind für immer unversöhnbar und heterogen.«

An diese Auffassung (deren systematischer Ausdruck das Ungenügen offenkundig werden läßt) knüpft – die Verbindungslinien haben wir aufgezeigt – eine Theorie gänzlich anderer Inspiration an. Der radikale Gegensatz in ihren Folgerungen und Prinzipien, den sie gegenüber dem Intellektualismus aufweist, hindert allerdings nicht, daß beide der einen und selben Tradition entstammen. Was wäre in der Tat der umfassenden Aufgabe der Philosophie gemäßer, als daß das Denken dahin gebracht wird, das Wirkliche, das Konkrete, das Leben enger zusammenzuführen; dem Besonderen, Individuellen, der Person besser Rechnung zu tragen; die Würde des inneren Lebens höher einzuschätzen; den Vorrang der Liebe und des Handelns vor der Theorie anzuerkennen; die irreduzierbare Ursprünglichkeit der Praxis aufzuzeigen? Doch zugleich: was wäre der authentischen Tradition gemäßer, als die souveräne Freiheit des Denkens sicherzustellen und seine Herrschaft zu wahren, gibt es doch keine Sicherheit ohne Licht und wird ja nur dort, wo das Denken regiert, dafür Sorge getragen, daß es gut ist zu sein? Die grundlegende Schwierigkeit bleibt infolgedessen zu erklären, wie das Denken und das Sein — sich durchdringend, ohne sich zu vermischen — jene Souveränität teilen und sie nicht zerteilen. Jeder wirkliche Fortschritt der Philosophie wird darin bestehen, besser das Problem zum Ausdruck zu bringen, | seinen Sinn einsichtiger und zugänglicher zu machen, uns näher an seine Lösung heranzuführen — jenes Problem, das der Spinozismus in folgender unvollendeter Form offenließ: Wie kann das Denken zugleich ein Attribut in der Unendlichkeit der heterogenen Attribute des Seins sein und, als ob es allen homogen wäre, dem Sein angemessen werden?

Der Ausgangspunkt des Philosophierens

Wo beginnt die Philosophie? Etwa mit der ersten Reflexion auf die Gegebenheiten der Sinne und der Wissenschaft, mit der ersten Kritik der unmittelbaren Bewußtseinsdaten und der spontanen Hypothesen der Vernunft? Oder bildet die Philosophie eine technische Disziplin, zu der man nur mit Hilfe einer genau bestimmten Methode gelangt, von einer klaren Demarkationslinie aus und indem man sich auf einen exakt definierten Blickpunkt stellt, um das Gesamt der Fragen, die sie behandelt, ins Auge zu fassen?

Schaut man die verschiedenen Lehren der Vergangenheit oder der Gegenwart an, so *scheint* eine solche Frage faktisch gerechtfertigt und sogar de iure berechtigt zu sein: — Einerseits räumt man die Qualität »philosophisch«, wenn es um die Urinteressen des Menschen geht, gewöhnlich den verschiedensten Betrachtungen ein, die zweifellos bei ihren Autoren Tiefe des Geistes voraussetzen, aber nichts, was die Reichweite einer fragmentarischen Aufmerksamkeit überschreitet, nichts was über gängige Überzeugungen hinausgeht. — Anderseits tendieren die Philosophen — diejenigen, die im strengen Sinn nach allgemeinem Eingeständnis diesen Titel verdienen — immer dahin, ihr Denken in eine systematische Form zu kleiden und die Universalität der Probleme in die Einheit einer technisch spezifizierten Lehre zu bringen. Man muß sogar hinzufügen, daß die wesentlichen philosophischen Ideen gerade aufgrund dieser gelehrten Organisation entdeckt, präzisiert und geeignet ausgedrückt werden konnten, um sich schließlich dieses Obdachs zu befreien, unter dem sie empfangen wurden, und — einmal lebensfähig geworden — als selbständige Wahrheiten zu bestehen oder sich neuen Synthesen einzufügen. So kann man gewissermaßen sagen, »die Philosophie« | existiere nur durch und in heterogenen »philosophischen Systemen«.

In der allgemeinen Geschichte des menschlichen Denkens wie bei der Entstehung einer jeden besonderen Lehre scheint sich so in der Tat der Übergang von der alltäglichen Reflexion zur technischen Systematisierung zunächst unmerklich zu vollziehen. In der Folge hat es dann den Anschein, daß nur diejenigen Wahrheiten, die im Schoß eines wissenschaftlichen Organismus geboren und entwickelt wurden, wo die Idee des Ganzen die Kraft und Fruchtbarkeit der Teile bewirkt, im eigentlichen Sinne philosophische sind.

Wenn man auch nur ein wenig auf diese Anomalie reflektiert, sieht man sich einer wahrhaft verwirrenden Schwierigkeit gegenüber, die die wesentlichen Bedingungen des Philosophierens selbst zu betreffen scheint: das Mißverhältnis zwischen der Materie und der Form der Wissenschaft scheint unvermeidlich. — Einerseits hat die Philosophie tatsächlich immer beansprucht, eine universale Jurisdiktion auszuüben und zwar nicht alles, aber von allem zu wissen; derart, daß die Einzelwissenschaften durch eine Art Zellteilung aus ihrer Substanz hervorgegangen zu sein scheinen; während sie selbst eine herausragende Domäne bewahrt und sich die Fragen von allgemeinem menschlichem Interesse reserviert, diejenigen, deren Lösung uns alle beschäftigen muß. — Anderseits scheint die Philosophie mehr und mehr gezwungen, sich zu beschränken und zu spezialisieren: Sie wird durch ihre Terminologie, durch die Art der Fragen, die sie stellt, durch die Weise vor allem, wie sie sie behandelt, durch die gelehrte Kenntnis der untereinander verknüpften Probleme, die sie impliziert, ein Mysterium der Eingeweihten und Spezialisten. Die anderen Gelehrten zielen darauf, durch einen kollektiven Fortschritt ihre unpersönliche Methode dem besonderen Objekt, das sie studieren, anzupassen. Der Philosoph scheint gewöhnlich das universale Objekt, mit dem er sich befaßt, seiner partikulären Methode anzupassen, die unter dem Deckmantel der unpersönlichen Formen einer technischen Disziplin die Besonderheiten seiner intellektuellen Vorzugsinteressen oder seiner moralischen Erfahrungen ausdrückt. So scheint die Philosophie, obwohl sie ihre *Materie* im allgemeinen Strom des geistigen Lebens der Menschheit findet, darauf reduziert, sich der *Form* nach mit den verschiedenen Systemen zufriedenzugeben, alle individuell wie Kunstwerke, wie | ein unbeständiges Gelingen, ohne daß die Seite, durch welche sie technische Präzision gewinnen will, je einen wissenschaftlichen, kollektiven, durch gemeinsame Anstrengung perfektiblen Charakter annehmen kann. Dies gilt so sehr, daß die Ausarbeitung der Ideen, die schließlich die Welt leiten, sich gefährlich fern vom gemeinsamen Leben der Menschheit in der geschlossenen Domäne abstrakter Ideologie vollzieht.

Kann man nicht dennoch eine Lehre entwerfen oder besser realisieren, in der die menschliche oder sogar universale Materie und die spezifische Form der Philosophie sich derart entsprächen, daß das Philosophieren — durch seine Methode ganz technisch und von seinem Ausgangspunkt an durch eine absolut klare Demarkationslinie von jeder anderen Art der Erkenntnis getrennt — in vollkommener Kontinuität mit der natürlichen Bewegung des Lebens verliefe, ja sogar dieses Leben selbst wäre, insofern es sich mit Licht und Wirklichkeit füllt und sich ausdrücklich den Bedingungen unterwirft, von denen die wirkliche Lösung des Problems unserer Bestimmung abhängt?

Ich nehme mir auf diesen Seiten vor, die folgenden beiden miteinander verbundenen Thesen darzulegen und ganz summarisch zu rechtfertigen:

— Die philosophische Erkenntnis ist spezifisch unterschieden von jeder anderen. Sie beginnt nicht irgendwo oder irgendwann mit einer vagen Reflexion, die sich allmählich präzisiert; sie hat vielmehr eine formale Charakteristik, die in scharf abgehobener Weise den Beginn ihrer Untersuchung und die Aufgabe bestimmt, die sie zu erfüllen hat.

— Dank dieser technischen Anforderungen und nur dank ihrer kann sie sich ohne Schaden, ja wohltuend der gemeinsamen Anstrengung der Menschheit einordnen und gleichzeitig Sache des Lebens wie der Wissenschaft sein.

Um jedoch zu zeigen, wie sehr es nötig ist, zu der vorgeschlagenen Lösung zu gelangen, wird es gut sein, zunächst im Anschluß an die Darlegung der Problematik die Fehlorientierungen aufzuweisen, denen man unterlag, die Sackgassen oder falschen

Wege, die man meiden muß. Dieser vorbereitenden Darstellung und Kritik ist der erste Artikel gewidmet. |

I.

Die verschiedenen Arten der Erkenntnis. — Ich nehme ein Blatt Papier und schreibe diese Worte für den *Annales*-Artikel[1] nieder. Kann diese Tatsache (denn so nennt es die Umgangssprache) auf verschiedene Weise erkannt und untersucht werden? Und kann man eine von diesen unterschiedenen Weisen spezifisch »philosophisch« nennen?

1. Die direkte Erkenntnis.[2] — Um dieses Blatt, auf dem ich schreibe, zu greifen, es zurechtzulegen und zu gebrauchen, habe ich zweifellos eine Fülle vergangener Erfahrungen unter dem Antrieb vieler geplanter Ideen und Bewegungen in einer Handlung zusammengefaßt, die mir relativ einfach erscheint. Aber in dem Augenblick, wo ich ganz bei meinem Tun war, hatte ich keinesfalls das Bedürfnis, mich über das zu befragen, was ich auf diese Weise tat, um es in voller Kenntnis seines Grundes zu tun; und diese unmittelbare Erkenntnis war ein integrierender Bestandteil meiner Arbeit, ein den ins Auge gefaßten Zielen dieser Studie — die ihrerseits wiederum von weitergehenden Beschäftigungen abhängt — so eng untergeordneter Teil, daß ich sie davon überhaupt nicht abhob.

Ja mehr noch: in dem Augenblick, in dem ich ausdrücklich dieses Blatt bemerke, den Gebrauch, den ich von ihm mache, die Bewegung meiner Hand, die sich seiner bedient, den Zweck, zu dem es mein Denken bestimmt, in diesem Moment wende ich mich von dem Lauf der Dinge ab, dem sich zu verbinden

[1] Der Aufsatz erschien erstmals in den »Annales de philosophie chrétienne« (Anm. d. Hrsg.).

[2] Unter dem Titel »Prospection« hat Maurice Blondel diesen Abschnitt als Exkurs 20 in sein Werk La Pensée. Bd. 1. Paris ^{4}1948, S. 287–290 aufgenommen. Dt. Übers. von Robert Scherer: M. Blondel: Das Denken. Bd. 1. Freiburg 1953, S. 325–328 (Anm. d. Hrsg.).

gerade der Grund meiner Anstrengung war. Ich mache nicht mehr, was ich tat; und ich kenne nicht einmal mehr, was ich kannte; denn ich bin nicht mehr bei dem, was allein die fragliche *Tatsache* hervorgebracht und erklärt hat. Und wenn ich diese Tatsache, so wie sie ist, zu untersuchen glaube, indem ich sie isoliere, so ist es nicht mehr sie selbst, die ich untersuche, sondern eine andere Tatsache, die ich künstlich bilde. Ich analysiere nur noch ein Tun [action] in Abstraktion von den präzisen Bedingungen und wirklichen Zielen, denen dieses Tun sich gerade verdankt. Was ich tatsächlich betrachte, wenn meine Aufmerksamkeit sich ausschließlich auf dieses Fragment meiner jüngsten Vergangenheit richtet, ist gerade das, was als solches unabhängig von dem Beweis ist, auf den ich abziele. Ich sehe darin dann nur eine Bewegung, die anderen Zielen entsprechen könnte, ein Blatt, | das andere Gedanken aufnehmen könnte, Buchstaben, die mit ganz anderen Absichten als den meinen geschrieben sein könnten. Und dies ist derart wahr, daß ich — wenn ich allen Ernstes versuche, mich wieder an das zu begeben, was ich tat und was ich war —, daß ich dann aufs Neue meine zufällige Neugier vergesse; ich wende mich von meiner Abschweifung ab; und ich orientiere mich von diesem Stück Vergangenheit zur Zukunft, von der die Ganzheit meiner gegenwärtigen Bemühung abhängt.

Es gibt also eine in ihrer Art vollkommene erste Erkenntnis, die unmittelbar ist und im Dienst unserer wirklichen und aktuellen Absichten steht. An unseren ganzen Lebensvollzug gebunden, ist sie auf die Zukunft ausgerichtet, die sie vorwegnimmt, wie um sich bereits auf sie zu stützen, indem sie sie voraussieht und heraufbeschwört. Sie kann an Klarheit und Präzision wachsen, ohne ihren synthetischen und praktischen Charakter zu verlieren. Sie ist es, mit der sich der Großteil der Menschen zumeist zufrieden gibt und auf die keiner, um zu leben, je verzichtet: Erkenntnis *ad usum* [zum Gebrauch], die keinen Bedarf hat, auf sich selbst zurückzukommen, um legitim, sicher und nützlich zu sein, die aber im Blick auf das Ziel nur die Mittel einschließt, die für das konkrete Ziel geeignet sind, das sie sich besonders vornimmt; Erkenntnis *ad summum* [auf das Höchste hin ausgerichtet], die — dem Lauf des Tuns folgend, das sie vorbereitet, begleitet und ständig übersteigt — die Unruhe aufrechterhält und uns immer jenseits des Punkts, an dem wir sind, leben läßt, in der Erwartung und der Realisation eines darüber hinausgehenden Gleichgewichts: derart, daß sich in ihr und durch sie das höchste Problem des Lebens löst, des Lebens, das nicht zweimal den gleichen Pfad geht und sich schließlich ein für allemal ohne mögliche Wiederholung festmacht.

So bildet diese direkte Erkenntnis selbst den Grund der vernünftigen Tätigkeit in der Einfachheit des *age quod agis* [Tue, was du tust], die sich der ausgesuchtesten Klugheit verbinden kann. Und man begreift auch, daß eine menschliche Existenz sich ganz auf diese Weise entfalten kann: gerade, einsichtig, generös, höchst erfüllt; Leben des Tuns, der Güte, der Hingabe, das buchstäblich die schöne Devise des hl. Paulus praktiziert, ohne Rückschau auf das Gewesene noch Krümmung auf sich selbst, ohne Theorie noch spekulative Neugier, in einem ununterbrochenen Fortschritt zu | dem Ziel, von dem der Lauf der Zeit und die Unruhe des Herzens abhängen: *»quae quidem retro sunt obliviscens, ad ea vero, quae sunt priora, extendens meipsum«* (Phil 3, 13) [»Vergessend, was hinter mir liegt, und mich ausstreckend nach dem, was vor mir ist«].

Gewöhnlich bezeichnet man daher fälschlicherweise mit dem einen Wort »Reflexion« — indem man es bloß der Spontaneität entgegensetzt — zwei so völlig verschiedene und sogar divergierende Haltungen des Denkens wie die auf das jeweils erstrebte konkrete Werk aufmerksame Erkenntnis und die Erkenntnis, die den erreichten Resultaten oder den angewendeten Verfahren zugewandt ist, wie man sie durch die Abstraktion retrospektiv analysiert. Einzig diese letztere Art des Denkens verdient den Namen *Reflexion*.[3] Für die erstere, die ihr Licht und auch

[3] Zum Vocabulaire technique et critique de la philosophie der Société française de philosophie, Paris 11. Aufl. 1972, S. 905) trug Blondel 1915 unter dem Stichwort 'réflexion' folgenden Text bei: »Die verschiedenen Bedeutungen des Begriffs Reflexion könnten wohl auf folgerichtige und syste-

ihr Sein aus dem empfängt, auf das hin sie sich orientiert, scheint man eine präzise Bezeichnung zu benötigen, die jeder Verwirrung zuvorkommt; und vielleicht kann das Wort *Prospektion*[4] im Verlauf dieser Studie mit Nutzen verwendet werden, um die

matische Weise dargelegt werden. Wenn Reflexion zunächst ganz allgemein eine mehr oder weniger spontane oder mehr oder weniger willentliche Verdoppelung impliziert und gleichsam einen Rückzug des psychologischen Lebens auf sich selbst (daher der scheinbare und vorläufige Eindruck einer Hemmung), so bildet sie anderseits eine neue Tatsache, eine ursprüngliche Initiative, eine weitere und höhere Kraft über die Elemente hinaus, die ihr Anlaß waren. Und diese Kraft appliziert oder orientiert sich in zwei symmetrisch gegenläufige Richtungen. Bald bezieht sie sich auf die vorangehenden Bedingungen und Wirkursachen der Tatsache des Bewußtseins oder der gegebenen Wirklichkeit, die sie studiert und die sie mit allgemeinen Ideen oder Gesetzen verbindet, und dies ist eine analytische Retrospektion. Bald richtet sie sich sozusagen nach vorn auf die Intention und die finale, konkrete und einzigartige Verwirklichung, die das praktische Ziel ihrer komplexen und umfassenden Bewegung ist. Und dies ist die synthetische Prospektion. Und wenn das Wort Reflexion gleichermaßen diese beiden so unähnlichen Vorgehensweisen bezeichnet, dann deshalb, weil es zwischen ihnen auf eine meist implizite, aber explizierbare Weise Solidarität gibt: Obwohl die Reflexion sich in beiderlei Sinn an sehr verschiedenen und voneinander unabhängigen Vermittlungen festzuhalten scheint, ist sie nur möglich, weil sie in der Einheit des Subjekts, dem sie innewohnt, die Lösung des ontologischen Problems und die Lösung des Problems der Bestimmung [des Menschen] zu bilden sucht« (Anm. d. Hrsg.).

[4] Vgl. M. Blondel, in: Vocabulaire technique et critique de la philosophie, S. 846, unter dem Stichwort »prospection« (1913): »Dieses Wort bezeichnet das auf das Tun ausgerichtete Denken, das konkrete, synthetische, praktische, finalistische Denken, das den ganzen Komplex der immer einzigartigen Lösung in Blick nimmt, auf die sich Wunsch und Wollen hinbewegen, im Gegensatz zur 'Retrospektion' oder der 'analytischen Reflexion', die ein auf sich selbst zurückbezogenes Denken ist, ein spekulatives und wissenschaftliches, das zwar nicht möglicher Anwendungen und praktischer Fruchtbarkeit beraubt ist, das aber doch nur indirekt zu dieser Nutzanwendung gelangt und zunächst durch die generische und statische Erkenntnis wie durch ein autonomes Ziel hindurchgeht. Diese beiden Formen der Erkenntnis trennen sich nie völlig voneinander und reduzieren sich nie aufeinander. Sie harmonisieren sich in dem höheren Realismus dieser besitzenden Wissenschaft oder dieser erworbenen Intuition, die im Gegensatz zur Erkenntnis per notionem [durch den Begriff, begrifflich] von den Scholas-

direkte Erkenntnis vor allem hinsichtlich dessen zu bezeichnen, was sie an Klugheit, Überlegtheit, »Umsicht« hat. Als ich nach einem Blatt Papier griff, um darauf diese Zeilen zu schreiben und diese und jene Gedanken aufzuzeichnen, die mir schon gegenwärtig waren, hatte ich auf keine Weise ein Bedürfnis, diesen fragmentarischen Akt zu analysieren oder mir alle Probleme vorzustellen, welche die Natur meiner Bewegung, die Geschichte oder die Qualität des Papiers aufwerfen können, um zu *wissen*, was ich tat und unzählige vergangene Erfahrungen in einem wirklich hellsichtigen und vorausschauenden Tun zusammenzufassen, das man ohne Unzuträglichkeit nicht spontan oder unreflektiert nennen kann, obwohl es im strengen Wortsinn auch kein reflektiertes Tun ist.

2. *Die inverse oder reflektierte Erkenntnis.* – Wir erkennen nicht nur, um zu handeln, und handelnd: durch eine Rückwendung, die nicht weniger natürlich zu sein scheint, nicht weniger menschlich als der direkte Elan des Lebens, handeln wir, um zu erkennen. Wir machen unser Tun selbst und seine Mittel, Resultate und Materialien zum Objekt unserer Aufmerksamkeit. Ich frage hier noch nicht danach, was der tiefere Grund | einer solchen Haltung des Denkens ist, noch welches die Beziehung dieser Reflexion zur »Prospektion« ist. Ohne mich zunächst mit den Ursprüngen dieser inversen Bewegung des Geistes zu beschäftigen, nehme ich sie vielmehr so, wie sie in der Entwicklung eines erwachsenen Bewußtseins und eines bereits ausgebildeten Denkens ist. Welches sind ihre unterscheidenden Kennzeichen?

Man hat oft behauptet, die Reflexion sei eine Kraft der Verhinderung und der Zerstückelung. Sagt das genug? Sagt das genau, was sie ist? Nein. Denn wenn ich an das denke, was ich mache, statt denkend zu handeln, so genügt es nicht, so ist es

tikern per connaturalitatem et unionem [durch Konnaturalität (Gleichartigkeit der Natur) und Einung] genannt wird. Im übrigen enthält die Prospektion wie die Retrospektion eine Aufmerksamkeit, eine Reflexion sui generis und darf nicht mit der Spontaneität oder dem Elan der direkten Handlungen verwechselt werden« (Anm. d. Hrsg.).

nicht wahr, einfach zu sagen, daß ich mich aufhalte, daß ich mich außerhalb des Laufs stelle, um seinen Gang zu betrachten, daß ich gleichzeitig Zeuge und Akteur meines Tuns werde. Solche Beschreibungen, wie klassisch sie auch seien, denaturieren das gänzlich, was sie vorgeben uns vorzustellen. Wenn ich z.B. darauf reflektiere, was ich machte, als ich dieses Papier nahm, vergesse ich zwar, was den konkreten Grund und die einzigartige Ursprünglichkeit meines Aktes ausmachte, um ihn künftig als ein losgelöstes Faktum zu studieren. Ich betrachte das, worin er banal und unendlicher Wiederholungen fähig ist, auflösbar in aufeinanderfolgende und nebeneinander zu stellende Gegebenheiten, vielen Blickpunkten zugänglich, Objekt unterschiedlicher Wahrnehmungen, Materie wissenschaftlicher Erfahrungen oder Analysen, stimulierende Frage für den Psychologen oder Metaphysiker. Aber insgesamt abstrahiere ich von der Richtung, der ich zustrebte, und von den wirklichen Gründen meiner Anstrengung, um mich in eine entgegengesetzte Richtung zu wenden. Ich halte also nicht an: ich orientiere mich anders. Ich sehe nicht mehr, was mich anzog, ich sehe etwas anderes: So ist von dieser ersten Umwendung der Aufmerksamkeit an eine neue Erkenntnis geboren; sie ist fähig sich zu wandeln, sich ohne angebbare Grenze von den rudimentärsten Wahrnehmungen bis zu den komplexesten Theorien der positiven Wissenschaften zu entwickeln, ohne daß sie, wie es scheint, je imstande ist, die praktische Intuition, die ihr Anlaß und gleichsam ihre Materie war, wieder einzuholen.

Zweifellos kann diese reflexe Erkenntnis durch eine Anstrengung des Willens auf die Ziele der Aktivität angewendet werden; sie | kann von außen der direkten Bewegung des Lebens helfen und zu ihr beitragen. Aber auch wenn es wahr ist, daß sie diese kontrollieren, kanalisieren, bestärken kann, so reproduziert und ersetzt sie sie nicht. Man darf sich hier nicht täuschen lassen durch die scheinbare Durchdringung der Bewußtseinszustände, die, auch wenn sie sich irgendwie überdecken, nichtsdestoweniger heterogen bleiben. Die Umsicht, mit der ich Blicke nach rechts, links, in alle Richtungen warf, ausgehend von der direkten Linie, wo sich meine Aktivität bewegte, hinderte soeben nicht die Prospektion, ganz nach vorn getragen zu werden. Die Konzentration der Lichtbündel, die ringsherum gesammelt und von außen auf den Weg geworfen sind, den ich, um meine Absicht zu realisieren, zu gehen habe, hindert jetzt nicht, daß die Reflexion, daß die *erkannte Erkenntnis* der *erkennenden und handelnden Erkenntnis* fremd bleibt. So hat der Zeugungsakt des Lebens im dunklen und sicheren Bewußtsein seiner Ziele nichts gemein mit der Wissenschaft des Embryologen oder der Kunst des Mediziners.

Diese beiden Arten der Erkenntnis sind so grundverschieden, daß man sozusagen von der einen alles verneinen kann, was man der anderen zuschreibt, jedenfalls wenn man sie von dem Punkt aus betrachtet, auf dem wir jetzt stehen, vom Blickpunkt der Reflexion, die sie als konstituierte Dinge, *in esse*, nicht als sich vollziehenden Progreß betrachtet, *in fieri*. — Die erste kann nicht unter dem inneren Blick der Analyse stillgelegt werden, ohne wenigstens durch die Aufmerksamkeit paralysiert zu werden, die sie fixiert und gleichsam durch die zerlegende Analyse tötet: sie steht voll im Dienst stets individueller und konkreter Sichtweisen, die den Einsatz des Lebens für einen jeden von uns bilden; durch das, was es an Einzigartigem und Unaussagbarem in jeder Person gibt, entgeht sie den logischen Kategorien und den wissenschaftlichen Klassifikationen; sie resümiert immer die vergangenen Erfahrungen in einer Vorwegnahme, die der implizite aber wirkliche und immer einzigartige Grund ihrer aktuellen Entwicklung ist; sie ist also imstande, immer klarer zu werden, je synthetischer sie wird; und für sie ist die Natur der Dinge nur die Abfolge der Mittel, die sie ihren Zwecken unterordnet. — Die zweite hingegen bricht diese vitale Einheit: sie abstrahiert, | vergleicht, generalisiert; an Stelle der wirklich entscheidenden und einzigartigen Gründe des *Aktes [acte]*, den sie untersucht, treten die Analysen, die das *Faktum [fait]* in Objekte zerteilen, die isoliert erkannt und realisiert werden können; sie prüft diese Objekte hinsichtlich dessen, was an ihnen generisch ist, so als wenn sie Absolutheiten wären, notwendig nebeneinandergestellt und einander äußerlich. Und daher scheint ihr Grund, ihr Sein nicht mehr davon abzuhängen, was sie an

Eigenem oder Einzigem in ihrer Beziehung mit der individuellen Realität besitzen, aus denen die Reflexion sie herausgelöst hat, sondern in einer generischen Idee enthalten zu sein, die ihnen gemeinsam ist, einer Idee der Ursache, die an Stelle der ganz einzigartigen Finalität gesetzt ist, die mein Tun in Gang setzte. Während die Prospektion sich zum *individuum ineffabile* [unaussagbaren Einzelnen] hin orientiert, zielt die Reflexion auf das *ens generalissimum* [allgemeinste Sein].

3. Die philosophische Erkenntnis. — Gibt es eine Erkenntnis, die genau diesen Namen verdient? Und wenn ja, woran macht sie sich fest? An der Prospektion? An der Reflexion? Geht sie von der ersteren aus oder von der zweiten? Von der einen durch die andere, die als ihre Verlängerung und Ergänzung betrachtet würde? Von der einen gegenüber der anderen, die als ihre Parallele oder ihr Original betrachtet würde? Oder ist die philosophische Forschung, nachdem sie diese Beziehung bestimmt hat, noch unterschieden von der einen wie der anderen?

Historisch gesehen erscheint es unbestreitbar, daß die Philosophie lange Zeit von der Vermischung dieser beiden Arten der Erkenntnis gelebt hat. Einerseits hat sie sich immer vornehmlich mit den »Zielen« des Menschen beschäftigt; sie nährt sich von der Unruhe der Seelen, die den Tiefen ihrer Natur oder den Geheimnissen ihrer Zukunft zugeneigt sind. Anderseits ist sie — instinktiv reflektierend — immer »den Gründen«, den »Bedingungen«, den »Ideen« zugewandt, abwechselnd oder beinahe gleichzeitig vom Gemeinsinn gepriesen, dem sie das Vorbild männlicher Kraft und das Geheimnis der menschlichen Bestimmung darzubieten scheint, oder als Instrument der Destruktion angeprangert oder wenigstens als eine Anhäuferin nichtiger Kuriositäten. Daher der zweideutige Eindruck, den sie hinterläßt: sie ist im eigentlichen Sinne weder | Wissenschaft noch Leben, obwohl sie ein wenig vom einen wie vom anderen ist, indem sie sich bald darauf beschränkt, im Spiegel der Spekulation »das Bild« oder »die Erklärung« dessen, was ist, zu liefern, bald vorgibt, Wahrheit und Leben hervorzubringen, indem sie dazu beiträgt, das, was noch nicht ist, zu verwirklichen, »das, was sein soll«, μέλλοντα καὶ δέοντα.

Kann man wenigstens sagen, insoweit die Aufmerksamkeit sich den unterscheidenden Eigenheiten der Spekulation und der Praxis zugewendet hat, daß die Beziehung der einen zur anderen angemessen festgestellt und definiert worden ist? Nein. Und warum? Weil man gewöhnlich nicht nur das Tun mit der Idee des Tuns identifizierte, sondern auch die praktische Erkenntnis mit dem Bewußtsein verwechselte, das man von ihr hat, indem man, kurz gesagt, die Prospektion auf eine bloße Reflexion reduziert hat, und dies in verschiedenem, einander entgegengesetztem Sinn. Es lohnt die Mühe, dies einen Augenblick näher zu untersuchen. Erst nach einem kurzen Aufweis jener fehlerhaften Orientierungslinien wird in ganzer Klarheit der Ausgangspunkt des Philosophierens erscheinen.

II.

Die falschen Ausgangspunkte der Philosophie.[5] — Wenn wir aufgrund der eben angezeigten Distinktionen zu sehen versuchen, wie die verschiedenen Philosophen faktisch ihre Untersuchungen begonnen haben, werden wir zweifellos feststellen, daß sie auf die eine oder andere dieser Weisen vorgegangen sind:

— entweder sind sie der Richtung der Reflexion gefolgt und haben, ausgehend von der Wahrnehmung und den Begriffen, die daher stammen, die ganze Variationsbreite der Metaphysiken der Idee entwickelt; |

[5] Indem ich diese Ausgangspunkte als »falsch« bezeichne, möchte ich nicht sagen, daß die Philosophen, die von ihnen ausgegangen sind, in ihren Untersuchungen deshalb irrige Lehren vertreten haben oder daß sie nicht sehr nützliche und dauerhafte Wahrheiten haben beibringen können. Ich will auch keinesfalls verkennen, daß diese ursprünglichen Verwirrungen unmöglich zu vermeiden waren: wie die antiken oder mittelalterlichen *Physiken*, die bis hin zu Descartes weder reine Philosophie noch positive Wissenschaft waren, unverzichtbar für die Konstitution der »Physik« gewesen sind. Auf dem bloß *formalen* Blickpunkt, auf den ich mich hier stelle, handelt es sich darum, das was spezifisch philosophisch ist, von all dem zu reinigen, was sich bereits den Quellen der Erkenntnis beimischt.

— oder sie haben in der Erkenntnis der Unmöglichkeit, auf diesem Weg zu kohärenten und realisierbaren Konzeptionen zu gelangen, den Primat der praktischen Vernunft bestätigt, um — immer vom gleichen Gesichtspunkt, nämlich dem der Reflexion aus — das System der idealen und ganz formellen Zwecke des Tuns zu errichten;
— oder sie suchten, nachdem sie durch eine Analyse des elementaren Lebens des Geistes den intuitiven, realistischen, pragmatischen Charakter der direkten Erkenntnis ans Licht gehoben hatten, das ursprüngliche und sogar einzige Instrument der wahrhaften Philosophie, indem sie über das, was wir Prospektion genannt haben, *reflektierten* und sie so auf die psychologische Intuition zurückführten.

In diesen anscheinend so verschiedenen Arten zu philosophieren gibt es aber wohl einen gleichen Fehler, dessen Aufweis von größter Wichtigkeit wäre.

1. Geht die Philosophie ausschließlich von der Reflexion aus? — »Reflektieren«, sagt man, »ist dies nicht der Urinstinkt, die traditionelle Rolle der Philosophie?« Zweifellos; aber so legitim es ist — wie man später sehen wird — die Reflexion zu benutzen (denn sie ist nicht weniger natürlich als die Prospektion, auf die sie sich immer stützt), so künstlich und täuschend ist es — das muß von vornherein klargestellt werden — das, was sie ist, für das zu nehmen, was ist, und das immer fragmentarische Resultat ihres Bemühens wie den aktuellen Stand ihres näheren oder weiteren Rückgangs als Maß der Wahrheit des Seins selbst zu nehmen.

Es würde zu weit führen, hier den Wegen zu folgen, die die Reflexion eingeschlagen hat, und im Detail ihre analytischen Vorgehensweisen oder Syntheseversuche zu kritisieren. Das destruktive Werk der Reflexion gegen die Reflexion im Lauf der letzten beiden Jahrhunderte ist zur Genüge bekannt. Wenn es schließlich wahr ist, daß ihre Ansprüche nicht der normalen Ordnung des Denkens angehören, so muß es möglich sein, sie einfach auf ihren natürlichen Sinn zurückzuführen, ohne einen Augenblick mit ihnen zu paktieren.

Nehmen wir das Beispiel wieder auf, dessen ich mich schon

bedient habe. Meine Hand nimmt wieder ein Blatt Papier, um darauf die Gedanken aufzuschreiben, die ich endlich ausdrücken möchte. Indem ich diese unbedeutende Episode | bemerke, werde ich darauf aufmerksam, daß es in diesem kleinen Detail Stoff zu unendlichen Untersuchungen gibt: die Wahrnehmung, die ich von diesem Papier, von meiner Bewegung, von meiner Schrift habe, das Bewußtsein meiner Anstrengung und meiner Intentionen, — wahrhaftig, es wäre nicht zu viel, um unsere fünf Akademien an meinen Schreibtisch zu rufen: vom Psychophysiker mit seinen Meßinstrumenten bis zum Chemiker oder Botaniker, die die Zusammensetzung oder die Herkunft des Papiers begutachten könnten, vom Psychologen, der über meine natürlichen oder erworbenen Wahrnehmungen dissertieren könnte, bis zum Metaphysiker, der über die Objektivität all dessen spekulierte, was die Sinne, das Bewußtsein, die Wissenschaft oder gar die Kunst ihm an Gegebenheiten geliefert hätten.

Soll die Philosophie auf diesem Weg ihre Untersuchung beginnen? Wird sie je, wenn sie hier ansetzt wenigstens, den legitimen Beginn — geschweige denn das Ende — finden, und wird sie am Ursprung, im Lauf und am idealen Ziel einer so durchgeführten Untersuchung je irgendetwas von der ursprünglichen Realität entdecken, die der Anlaß zu dieser immensen Untersuchung gewesen war? Auf gar keinen Fall. Denn je weiter man sich auf all den Straßen der Wissenschaft und der Abstraktion voranbewegt, um so vollständiger entfernt man sich von dem konkreten und singulären Akt, der allein ursprünglich gesetzt war. Wir werden zeigen, daß alle Wahrnehmungen, Reflexionen, Entdeckungen in letzter Instanz nur in Funktion von Akten existieren, die im Lichte der Prospektion gesetzt sind; und eine Philosophie, die nicht von einer solchen Erkenntnis und von solchen Akten Rechenschaft gibt, hält sich nur an den projizierten und verstreuten Schatten, nicht an die Festigkeit des Seins selbst in seiner Solidität und Integrität. Sie kann nur zu Allgemeinheiten und Idealitäten führen. Die Reflexion verwandelt den Akt in ein Faktum, und das Faktum, Summe einer unbestimmten Vielheit von Fakten, ist nur ein Rahmen und ein abstraktes Schema. Jedes von der Analyse künstlich konstruierte Stück zu nehmen und sich angesichts einer jeden dieser abstrakten Künstlichkeiten die philosophischen Fragen zu stellen; angesichts eines jeden Fragments, das nicht ein Teil, sondern bloß ein Aspekt ist, das ontologische Problem je gesondert lösen zu wollen, das ist, wenn man die Dinge genau zu betrachten weiß, unsinnig. |

Mag das regressive Denken sich noch so viel mühen, sich wiedereinzuholen, wie man einen Kreis schließt, nie schöpft doch eine neue Reflexion die vorhergehende Erkenntnis aus; und nie gelingt es den nachfolgenden Errungenschaften, sich mit der Ursprungsgegebenheit zu vereinen, noch sich untereinander zu verschweißen. Meine Wahrnehmung von diesem Papier enthält ein qualitatives Element, von dem der Geometriker, Physiker, Chemiker und Psychologe, der es je von seinem Gesichtspunkt aus studiert, keine Rechenschaft ablegen kann. Und selbst, wenn man vorgibt, die immer vorläufigen Ergebnisse ihrer Expertisen für endgültig zu nehmen, wenn man versucht, die heterogenen Gegebenheiten nebeneinanderzustellen, die sie, wie um ein Ganzes zu formen, herbeitragen, so wird man doch bemerken, daß keiner das Bindemittel liefern kann; man ist vielmehr gezwungen zuzugeben, daß das, was sie uns erkennen lassen, nicht die integrierenden Teile eines Ganzen sind, sondern die verschiedenen Aspekte einer Frage, und daß sie — weit davon entfernt, durch all ihre Wissenschaft einen Block Wirklichkeit wiederherzustellen — nicht einmal Krümchen liefern.

Nicht genug damit. Denn wenn ein jeder von denen, die über die wissenschaftlichen Erklärungen »reflektieren«, die sie vorlegen, bis ans Ende seiner Reflexionen gehen will, muß er sehen, daß er nicht einmal in der eingeschränkten Ordnung seiner Untersuchungen eine angebbare Grenze fixieren kann. *Essentiales rerum differentiae sunt ignotae frequenter et innominatae* [die wesentlichen Unterschiede der Dinge sind häufig unbekannt und unbenannt] (Thomas von Aquin: De potentia, q. 9, a. 2, ad 5); denn nicht nur verlängert sich die Kette der Entdeckungen ohne Ende, sondern auch die besonderen Prinzipien einer jeder Wissenschaft, und sei es der Mathematik, müssen immer wieder neu untermauert und zuinnerst erneuert werden hinsichtlich der Reichweite und hinsichtlich des philosophischen Sinns, den man ihren sichersten Errungenschaften zuschreiben muß. Und wollte man die der Reflexion wesentlichsten Vorstellungen *realisieren*, wie die der räumlichen Bewegung, des ausgedehnten Atoms, der rhythmischen Wellenbewegung, so wäre man — wie man vielleicht sogar hinzufügen muß — durch eine klare Analyse zu Inkohärenzen und Unmöglichkeiten gezwungen.

Unfähig, über das Tun, das sie ständig voraussetzt, Rechenschaft zu geben; unfähig, den Gegebenheiten der Wahrnehmung | oder der Wissenschaft die Solidität und Solidarität zu verleihen, die aus ihnen wahrhaft Seiende machen würden; unfähig die Lücken zu füllen, die im Herzen jeder Wissenschaft und zwischen allen Wissenschaften das menschliche Wissen stets daran hindern, »geeint« zu sein; unfähig sogar, die Grundbegriffe unter sich »vereinbar« zu machen, die sie gezwungenermaßen benutzt, scheint die exklusive Reflexionsphilosophie tot zu sein; und sie hat nur gelebt und lebt nur aus einer Art anfänglichen und latenten Fideismus, durch eine stillschweigende Anleihe und einen unbewußten Rekurs auf die »Prospektion«, auf den subjektiven Akt eines Denkens, das implizit Ziele verfolgt, die es nicht kennen muß, um sich mit Erfolg darin zu betätigen. Wenn man aber diese Philosophie der Idee beim Wort nehmen und sie nach dem beurteilen wollte, was sie zu sein vorgibt, dann könnte man bei ihr keinen definierten Ausgangspunkt entdecken. Sei es, daß sie behauptet, daß unsere Vorstellungen »vom Objekt, das sie repräsentieren, ihren ganzen ursprünglichen und bestimmten Gehalt erhalten und uns [infolgedessen] im ersten Anlauf [, wo wir sie in gewisser Weise vergessen,] auf das Sein selbst bringen, dessen bloße Abziehbilder sie sind«,[6] sei es, daß sie ihre Rolle darin sieht, die Lücken des Wissens auszufüllen, indem sie von den erreichten Fragmenten ausgeht, um die po-

6 Vgl. [M. B. Schwalm:] La crise de l'apologétique. In: Revue Thomiste 5 (1897), S. 259 [Blondel zitiert ohne Namensnennung, läßt die oben mit eckigen Klammern gekennzeichneten Teile des Satzes aus und datiert fälschlich 1898].

sitive Wissenschaft mit Hilfe unverifizierter oder gar unverifizierbarer Hypothesen zu überholen oder zusammenzufassen; kurz, ob sie so tut, als wenn sie sich von Anfang an im Herzen der Realität einrichte, oder ob sie sich darauf beschränken will, sich um sie herumzubewegen und sie zu belehnen, ohne sie je zu ergreifen, — in keinem dieser Fälle kann die Philosophie ihren Ursprung rechtfertigen oder wenigstens bestimmen. Und von diesem Blickpunkt aus hat niemand, der nicht darauf verzichten will, den realistischen Instinkt des Denkens zu prüfen — *cum dubitantibus de principiis non est disputandum* [mit denen, die die Prinzipien bezweifeln, ist nicht zu diskutieren] —, ein Mittel, legitimerweise einem unheilbaren Relativismus zu entgehen.

2. *Geht die Philosophie von einer ausschließlich kritischen Haltung aus?* — Das Seiende mit Hilfe der Gegebenheiten der Reflexion und den objektiven Vorstellungen allein wiederherzustellen, dies ist ein Unternehmen, das obschon jahrhundertelang verfolgt und noch unter unseren Augen erneuert, nichtsdestoweniger wohl schlußendlich enttäuschend bleibt. | Wenn nun aber die daran seit mehr als hundert Jahren geübte Kritik den künstlichen oder »konstruierten« Charakter des Objekts der intellektuellen Reflexion ans Licht gehoben hat — der Reflexion, in der man fälschlich eine *objektive Intuition* hat sehen wollen —, entgeht dann der Kritizismus seinerseits der Versuchung, eine Art von ontologischem Wert einem privilegierten Teil der Erkenntnis zuzuschreiben? Nein; denn er gründet sich auf dem reflektierenden Urteil wie auf einer *moralischen Intuition.* Daher erscheint wieder ein dem vorangehenden analoges Problem. Wird von dieser Inbesitznahme der praktischen Vernunft durch sich selbst die positive Untersuchung einer legitim gebildeten Philosophie ausgehen? Kann, was die Reflexion auf das Objekt nicht leisten konnte, die Reflexion auf das Subjekt geben und zwar gerade dort, wo es in der Reinheit seiner Autonomie erscheint?

Ich will hier nicht auf Einwänden insistieren, die sich gegen den gleich zu diskutierenden Versuch erneut erheben werden und die *a fortiori* gegen diesen ersten Versuch eines Wiederaufbaus der Philosophie mit Hilfe einer Intuition des moralischen Bewußtseins und der reinen praktischen Vernunft gültig sind. Es mag im übrigen genügen festzustellen, bis zu welchem Punkt diese lebendige Intuition hier auf die abstrakten Formen der ideologischen Analyse zurückgeführt ist und wie sie sich in einem Rationalismus vollendet, der die Materie des alten Rationalismus modifiziert hat, ohne seinen Geist zu ändern, so daß der immer noch künstliche Charakter einer solchen Initiative des Denkens, der immer noch willkürliche Charakter eines solchen Fideismus zum Vorschein kommt. Wenn die Antinomien nur auf der Ebene der metaphysischen Reflexion existieren, die fälschlich für das Ganze des spekulativen Denkens gehalten wird, so haben die Konklusionen der Kritik der praktischen Vernunft nur vom Blickpunkt einer Reflexion aus Geltung, die das Faktum der Moralität abstrahiert und isoliert hat, um es ihren exklusiven Vorgehensweisen zu unterwerfen. Und wie darüber der bisher letzte und scharfsinnigste Historiker des Kantianismus urteilt,[7] »mag es nach der kritischen und wissenschaftlichen Überprüfung von mehr als einem Jahrhundert mit guten Grund so scheinen, daß die Metaphysik der Sitten, den | rigiden und scholastischen Determinationen der alten Metaphysik zu viel konzediert, daß sie in der Art, wie sie selbst ihre legitimsten Abstraktionen und Unterscheidungen präsentiert, wider Willen zu sehr den ontologischen Vorgehensweisen unterworfen ist, daß sie — nachdem sie beispielsweise ganz zu Recht die Moralität *isoliert* hat, um sie besser in ihren spezifischen Attributen zu ergreifen — danach aus ihr eine Realität an sich gemacht hat, mit einem Ausschließlichkeitsanspruch gegenüber dem, was in den dem sittlichen Leben benachbarten Gestalten, wie zum Beispiel dem religiösen Leben, sich hierauf nicht strikt reduzieren läßt. So hat Kant durch seinen *Moralismus* den Rationalismus des menschlichen Denkens fixiert und aufs Neue verabsolutiert«.

Indem er sich mehr und mehr der Idee eines vollständigen

[7] Victor Delbos: La philosophie pratique de Kant. S. 751. [3. Aufl. Paris 1969, S. 601].

Systems der reinen Vernunft zuwendet, beschränkt sich Kant zweifellos nicht darauf, »die Welt der Erfahrung und die moralische Welt bloß gegenwärtig sein zu lassen, ohne aufzudecken, worin sie einander anzunähern und zu verbinden sind«. Aber er fordert von den in der Analyse der Wahrnehmung und der Kritik der Wissenschaft eingespielten Fragestellungen die Mittel, mit Hilfe der Reflexion ein Problem zu stellen und zu lösen, das — per definitionem, wie man sagen kann — solchen Bedingungen entgeht; wie wenn er seine Augen — rücklings vorwärts schreitend — auf die Ideologie geheftet hielte und hierin die einzig mögliche Form von Metaphysik sähe. Auch hier ermangelt die Philosophie eines unterschiedenen und ursprünglichen Ausgangspunktes: sie beginnt inmitten der abgeleiteten Formen der Reflexion und des Tuns; sie bleibt den Resultaten früherer Anstrengung unterworfen, von der sie ausgegangen ist, statt sich auf ihre Ursprungskraft zu stützen.

3. Geht die Philosophie von der psychologischen Intuition aus? — Wenn wir die ausgetrockneten Wege und die erschöpften Felder der Abstraktion verlassen, wird uns dann nicht eine neue Philosophie, die immer erwartete »Philosophie« schlechthin, in völliger Frische von dem Augenblick an aufbrechen, in welchem das Denken in einem unbefangenen Blick auf die Dinge und auf sich selbst nur zur Intuition zurückkehren wird, nicht mehr zu einer Gegebenheit der *Vernunft*, sei es auch der praktischen, sondern zur Unmittelbarkeit des inneren Sinns? Und wird die ganze Anstrengung der Philosophie nicht darin bestehen, die Analyse gegen die Analyse zu benutzen, um das Leben des Geistes sozusagen im Geburtszustand zu ergreifen, in jenem | fruchtbaren Kontakt der Dinge mit dem Bewußtsein, von dem man sich nicht durch die Rückwendung der Reflexion entfernen kann, ohne daß das Denken sich außerhalb seiner und der Wirklichkeit selbst stellt?

Es ist zweifellos eine richtige und durchdringende Sicht, die sich nicht zufriedengibt, mittels einer abstrakten Kritik den Zauber der Sinne und des Verstandes zu durchbrechen und dem homogenen und quantifizierbaren Raum die usurpierte Kraft zu entreißen, welche die Wirklichkeit enthalten und liefern soll, sondern sich vielmehr anschickt, die reiche Komplexität, die qualitative Heterogenität, die konkrete wechselseitige Durchdringung der Dinge und des Geistes zu erfassen; und es ist ein großer Dienst, uns von den immer künstlichen Repräsentationen der fragmentarischen Reflexion zu befreien, um uns mit dem wirklichen und totalen Fortschritt des Lebens eng zu verbinden bzw. durch eine Art intellektueller Sympathie zu identifizieren.[8] Ja; aber achten wir auch hier auf die subtilen Gefahren, die uns noch bedrohen.[9] |

[8] Es ist bei allen möglichen Arten von Untersuchungen außerordentlich wichtig, sich gegen den geheimen Sophismus zu wappnen, der uns dahin bringt, die Aspekte der Erkenntnis für integrierende Teile der Dinge, Merkzeichen oder Photographien für die wirklichen Elemente, die Sinnesgegebenheit oder das historische Faktum für das ursprüngliche Denken und das effektive Leben zu halten. Was »Geschichte und Dogma« angeht [Vgl. M. Blondel: Geschichte und Dogma. Mainz 1963. Originalveröffentlichung 1904], so hatte ich die Gelegenheit, einige der schädlichen Illusionen anzuzeigen, die eine solche Konfusion bewirkt. Es wäre leicht, auf gleiche Weise zu zeigen, wie die berühmte aristotelische Theorie der Ursachen uns als Erklärungsprinzip generische Ideen liefert, keineswegs wirkliche *Ursachen:* es handelt sich dabei um Schemata der *Verursachbarkeit*, keineswegs um wirkliche *Verursachung*. Alle vergangene Erfolglosigkeit der »Ersten Philosophie« kommt zweifellos daher, daß sie sich darauf versteift hat, in der Linie und der Richtung der exklusiven Reflexion vorwärtszuschreiten, die einzig zur positiven Wissenschaft führt.

[9] Ich möchte, daß der Leser den Sinn der folgenden Kritik nicht mißversteht. Es ist nicht das Denken von H. Bergson, das ich anziele, denn ich betrachte es hier nicht in all seiner Ausdehnung noch nach seinen tiefsten und positivsten Tendenzen. Ich isoliere nur zum Zweck der theoretischen Diskussion, mit der ich mich gegenwärtig befasse, einen der Aspekte, unter denen dieses Denken in Blick genommen werden könnte und unter denen dies schon einigemale geschehen ist, wenn auch weniger seinem Geist getreu als seinem Buchstaben. Mit Hilfe dieses Kunstgriffs der Darstellung kann ich, ohne Unrecht zu tun, folgende fünf Sätze aufrechterhalten: 1. Der subtilste und sozusagen an seine Grenze gebrachte Intellektualismus verschlingt sich selbst. 2. Er kann sich nur kritisieren und offensichtlich destruieren dank einer sehr lebendigen und sehr richtigen Empfindung jener direkten und vitalen Erkenntnis, die wir »Prospektion« nannten. 3. Aber diese Intuition kann nicht isoliert werden, ohne zu entarten; sie kann der

Indem man auf »die Analyse gegen die Analyse« zurückkommt; indem man anzeigt, daß der Ausgangspunkt der »Philosophie [...] nur eine bewußte und reflektierte Rückkehr zu den Vorgaben der Intuition«[10] ist; indem man die ausschließliche These aufrechterhält, daß die Erkenntnis nur im Blick auf die Praxis besteht und daß es ratsam ist, »aufzulösen, was unsere Bedürfnisse gemacht haben«, transformiert man dann nicht nochmals die Prospektion in eine simple Reflexion? Sucht man dann nicht hinten das, was gemäß der Hypothese nur vorn scin kann? Und versucht man nicht unter dem Vorwand, »sich von den Vorurteilen des Tuns zu befreien«,[11] entgegen der These selbst eine reine Erkenntnis zu verfolgen, eine spekulative Sicht, eine abstrakte und generische Theorie? Will man nicht wieder und immer noch allein durch eine Anstrengung des Geistes zur Lösung des ontologischen Problems gelangen, eine Anstrengung,

Philosophie kein konsistentes Fundament liefern; sie genügt sich nicht und besteht nur durch einen | Rekurs auf ihren Rivalen. Der systematische Intuitionismus ist nicht weniger chimerisch, nicht weniger täuschend als der Intellektualismus, der Praktizismus oder Prospektionismus ist es nicht weniger als die Ideologie der spekulativen Reflexion. 4. Mehr noch: Man kann nicht, indem man die Reflexion und die Prospektion als Objekte der Erkenntnis nimmt, auf theoretischem Wege ihre wirkliche Beziehung bestimmen. Und indem man versucht, sie aufeinander auszurichten, zu reduzieren oder einander unterzuordnen, denaturiert man die eine wie die andere. 5. Um sie beide aufeinander abzustimmen, um beide zu retten, muß man zu der These gelangen, die ich im zweiten Teil dieser Studie entwickeln werde: sie werden dort in der methodisch strengen Philosophie gleichgeordnet erscheinen, wie sie es im wirklichen Leben sind.

[10] Henri Bergson: Oeuvres. Paris 1963, S. 1491 (Avant propos zur 1.–6. Auflage von Matière et mémoire); dt.: Ders.: Materie und Gedächtnis. Jena 1908, S. XVI. Die Übersetzung oben ist demgegenüber verändert. — Der im folgenden zitierte sonst seitengleiche Nachdruck mit Einleitung von Erik Oger enthält nur das Vorwort zur 7. Auflage: Hamburg 1991 (PhB 441) (Anm. d. Hrsg.).

[11] Vgl. Bergson: Oeuvres, S. 353 bzw. Materie und Gedächtnis, S. 232: »Diese beiden Dinge, Wahrnehmung und Materie kommen so einander in dem Maß entgegen, als wir uns mehr und mehr von dem, was man die Vorurteile der Tätigkeit nennen könnte, freimachen« (Anm. d. Hrsg.).

die, obgleich sie keine rein ideologische Übung mehr ist, dennoch eine Art Manöver und Gymnastik des reinen Denkens bleibt? Hat man nicht aus der Reflexion, nachdem man aus ihr das künstliche Instrument der philosophischen Perversion gemacht hat, nun das natürliche Instrument des Heils gemacht? Als ob sie nicht auch — auch sie! — ein Instinkt der Natur wäre und als ob man schließlich der Spontaneität nur den Rücken zukehren müßte, um hierher zurückzukommen, oder als ob man nur die Richtung der intellektuellen Arbeit ändern müßte, um dieselben Absichten durch analoge Mittel wieder aufzunehmen: aus dem Leib ein exklusives Mittel *des Tuns*[12] [action] zu machen, aber ihn als solchen *erkennen;* »die Erfahrung an ihrer Quelle aufsuchen« und übereinkommen, daß eine lange und mühsame Lehrzeit nötig ist, um hier Erfolg zu haben; »durch eine kräftige Anstrengung der Reflexion auf sich selbst zurückkommen« und festhalten, daß die Erkenntnis uns in | die Dinge selbst versetzt; die reine Erkenntnis der praktischen und die intellektuelle Erkenntnis der einfühlenden Intuition[13] entgegensetzen, bald als ob das Bewußtsein selbst vom engagierten Tun abkünftig wäre, bald als ob es nur wahr und aufrichtig wäre, indem es sich befreite, — zeigen alle diese inneren Divergenzen dieser dennoch an fruchtbaren Gedanken so reichen Lehre, die es zu kritisieren galt, nicht an, daß es hier eine Mischung unvereinbarer Tendenzen und die Spur eines ursprünglichen »Intellektualismus« gibt? Und eben weil man hier dem Intellektualismus einige seiner impliziten Postulate entzieht, mit denen er unbemerkt seine wichtigsten und notwendigsten Affirmationen erhärtete, droht das Heilmittel, auf das man zurückgreift, ebenso gefährlich zu werden, ja, in gewissem Sinne gefährlicher als das Übel, von dem es uns heilen will.

[12] Vgl. Oeuvres, S. 357; Materie und Gedächtnis, S. 237: »Der Gedanke, den wir aus den Tatsachen gefolgert und durch Beweisführung erhärtet haben, ist folgender: unser Leib ist ein Werkzeug des Handelns und zwar nur des Handelns« (Anm. d. Hrsg.).

[13] Vgl. Bergson: Oeuvres, S. 1491; Materie und Gedächtnis, S. XVI (Anm. d. Hrsg.).

Denn nur eins von beiden ist möglich: — entweder bleibt man entschlossen der These treu, nach der das reflektierte Denken nur eine künstliches Instrument im Dienst des engagierten Tuns ist. Dann begrübe sich die Erkenntnis in ihrem Triumph selbst durch eine Rückkehr zur integralen Fülle der Intuition; sie hätte nur den Selbstmord als Ziel und Ideal; denn »alle Einflüsse von allen Punkten aller möglichen Körper wahrzunehmen, hieße auf den Stand eines materiellen Gegenstandes zurückzufallen«.[14] Das totale Bewußtsein käme dann, so scheint es, »einem neutralisierten Bewußtsein«[15] und einer »unpersönlichen Wahrnehmung«[16] gleich;[17] — oder man sucht wirklich im Tun ein Mittel, die Erkenntnis zu verifizieren und zu bereichern, wie in der Erkenntnis ein Mittel, das Tun zu erleuchten, vorzubereiten, zu inventarisieren und voranzubewegen. Dann genügt es aber nicht mehr, *in abstracto* und *in genere* zu sagen, daß »das Denken ein Instrument des Tuns und einzig dies« ist, als ob die Idee der Praxis die Praxis selbst ersetzte. Nein, erkennen, daß die wahre Erkenntnis sich auf das Konkrete bezieht, gibt noch nicht die konkrete Wirklichkeit der wahren Erkenntnis. Und wenn man sich mit dieser Theorie über das »Denken-Tun« zufriedengäbe, ohne sie durch | die Praxis des »Tun-Denkens« zu ergänzen, was hätte man dann geleistet? Man hätte die *Ideologie,* die künstlich die Konturen der Objekte durch dicke und feste Striche fixiert, einfach durch eine Art impressionistischer *Imagerie* ersetzt, die zweifellos ästhetischer und geeigneter für die lebendige Subtilität des inneren Blickes ist, aber insgeheim

14 Bergson: Oeuvres, S. 198; Materie und Gedächtnis, S. 37 (Anm. d. Hrsg.).

15 Vgl. Bergson: Oeuvres, S. 377; Materie und Gedächtnis, S. 263: »Wir stellten fest, daß diese Natur als ein neutralisiertes und folglich latentes Bewußtsein angesehen werden könnte« (Anm. d. Hrsg.).

16 Vgl. Bergson: Oeuvres, S. 195; Materie und Gedächtnis, S. 34: »Jene Psychologen, welche die Kindheit studiert haben, wissen genau, daß unsere Vorstellung im Anfang unpersönlich ist« (Anm. d. Hrsg.).

17 Henri Bergson: Matière et mémoire, [1.–6. Aufl.] p. 38, 245, 278. [Oeuvres, S. 197, 352f., 377; Materie und Gedächtnis, S. 37, 231f., 263]

dauernd beherrscht bleibt durch das ontologische Vorurteil, durch den unmittelbaren spekulativen Anspruch.

Es führt zu nichts, die Reflexion herabzuwürdigen, um die Fehler der Theorien zu beheben, die sie zu sehr preisen: auf welche Weise man auch immer ihre Rolle in Bezug auf die Erkenntnis und ihre Ansprüche auf Objektivität definiert, man bleibt doch den gleichen Einwänden ausgesetzt. Ihre Funktion ist vielmehr in Bezug auf das Tun — nicht auf die Idee des Tuns, sondern auf das wirkliche Tun — zu bestimmen. Unter welcher Form oder mit welcher Methode man es auch immer untersucht, das Vergnügen zu erkennen ist kein exemplarischeres Ziel als das Vergnügen zu essen oder die Begierde zu lieben: eine Philosophie, die — durch den noblen Instinkt der Spekulation getäuscht — folgern würde, *theorein* sei das Ziel des Lebens, das Objekt dieser Sicht des Geistes sei eine unmittelbar gegebene Wirklichkeit und ein »Ziel an sich«, ähnelte einer Moral, die — durch die deutlichsten Lockungen der Natur getäuscht — nicht mehr an höhere Wirklichkeiten dächte, die, obschon den Sinnen verborgen, nichts desto weniger für die Vernunft der Grund und die wahre Regel dieser Lockungen selbst sind.

Ebensowenig wie »das Denken des Denkens« kann das »Denken des Tuns« sich genügen; man beschränkt sich genau so wenig darauf, »lebend zu denken«, sein Leben zu denken, wie man legitim, menschlich, »leben um zu denken«, eine Leben des reinen Denken führen könnte. Die Wissenschaft um der Wissenschaft willen, das Leben um des Lebens willen, das sind zwei gleich trügerische Formeln. Nie erhält sich die Idee im Status des Ideals oder Paradigmas ohne ein Tun, das ihr einen ganz vernunfthaften oder sozusagen von außen kommenden Willen verliehe; und ebensowenig enthält sich die völlig in ihrem Wirken aufgehende Praxis einer spekulativen Reflexion. Am Ausgangspunkt aller Wissenschaften, Künste und Gewerbe findet sich ein | zu befriedigendes Bedürfnis wieder, ein Bedürfnis, ohne das die Reflexion sich nicht gebildet und nichts gebildet hätte. Aber auch das Tun bildet sich nicht selber. Es bildet seine nützlichen Wirkungen nur über eine Reflexion, die ihm seine Mittel liefert, und die ihm — insoweit sie ihm erlaubt, seine sukzessiven Ziele zu erreichen — sein höheres Ziel zu unterscheiden und zu verfolgen hilft: Wie beim Gehen, das nur ein andauernd arretiertes Fallen ist, hat das Denken nicht das Bedürfnis, sich auf den vorangegangenen Schritt zu stützen, *»ea quae sunt retro«*, sondern bereits auf den folgenden, *»ea quae sunt priora«*, — *priora*, das meint das, was »früher und sogar voraus« ist, wenn es wahr ist, daß man geht, um voranzukommen, und wenn es nicht das Gedächtnis sondern eine Art Antizipation ist, die tatsächlich in uns das *primum movens* [Erstbewegende] darstellt: denn wir leben nur, wir sind nur für das, was noch nicht ist, für diese *sperandarum substantia rerum* [Wirklichkeit der zu erhoffenden Dinge; vgl. Hebr 11,1 Vulgata], von welcher wir in der Tat und nach unserem Sehnen, dem Denken und dem Tun nach abhängen. Die praktische und die spekulative Erkenntnis zu isolieren oder einander entgegenzusetzen ist — absolut gesagt — ein Unsinn, umgekehrt zu dem bereits früher signalisierten, der diesem aber entspricht. Was keinen Bezug zu meiner Bestimmung hat, existiert nicht für mich; aber auch ich existierte nicht für mich, ohne das Vermögen, aus dem ursprünglichen *Kontinuum* des Bewußtseins und der Empfindung die Objekte zu abstrahieren, von denen ich, um meine Analyse aufrecht zu erhalten, das Recht habe zu sagen, *daß* sie sind, selbst wenn ich nur rudimentär weiß, *was* sie sind und was *sein* heißt.

Wenn die Reflexion ein Kunstgriff ist, so ist sie doch ein natürlicher und sogar unverzichtbarer Kunstgriff. Künstlich und täuschend ist es nicht, sie gemäß dem Wunsch der Natur, im Dienst der solidarischen Arbeit des Denkens und Tuns zu gebrauchen; künstlich und täuschend ist es vielmehr, sie entweder ausschließlich zu benutzen oder gänzlich von ihren Resultaten und Analysen absehen zu wollen, um spekulativ eine Philosophie der Erkenntnis und der Existenz zu bilden. Es ist zweifellos unmöglich, daß wir uns zunächst in allen Details und für alle möglichen Fälle Rechenschaft geben über den Gebrauchssinn der am stärksten dogmatischen Wissenschaft oder die Notwendigkeit einer mindestens | rudimentär reflexen Erkenntnis einsehen, um unseren praktischen Initiativen ihren Wert und ihre Rationalität zu verleihen. So scheint es zunächst, als ob die Existenz dieses Blattes, das sich unter meiner Feder schwärzt, nicht irgendwie an den Plan gebunden sei, den ich bei der Redaktion dieser Seiten verfolge, an einen Plan, der selbst meiner Konzeption des Lebens untergeordnet ist und der Anstrengung, die ich mache, um das Problem meiner Bestimmung zu lösen. Dies ist wahr, aber in einer fragmentarischen und oberflächlichen Weise. Denn wenn ich an die Erfindung oder Fabrikation des Papiers denke, wenn ich mich frage, warum ich nach so vielen anderen zu schreiben gelernt, diesen Stoß Papier gekauft, das Thema dieses Artikels gewählt habe, ist es nicht, weil ich überall — im nächsten und weitesten Umkreis meiner aktuellen Intentionen — zwei immense, miteinander verschlungene Reihen von stimulierenden »Prospektionen« und erfinderischen »Reflexionen« sehe? Sich beim Philosophieren einer der Reihen allein zu verschreiben heißt, mit Fäden in eine einzige Richtung ohne Einschuß einen Stoff weben zu wollen.

Besteht die philosophische Arbeit aber dann nicht genau darin, die Beziehung dieser beiden Reihen zu definieren? Nein, es gibt keine direkte Methode, um zunächst die »intellektuelle Erkenntnis« und die »praktische Erkenntnis« zu isolieren und sie sodann zu verbinden. Denn durch diese Unterscheidung selbst fällt man alsbald in die abstrakten Dichotomien des verrufensten »Intellektualismus«; man würde anstelle des wirklichen Fortschritts und des histologischen Zusammenhangs von Denken und Leben ein System grober, künstlicher Gegensätze setzen; in dem Moment, in dem man der Sache des Tuns zu dienen glaubt, würde man zu einer simplen Theorie des Primats der Praxis zurückkehren. So wäre das Tun bald als die höhere Form gegeben, als das am wenigsten inadäquate Gefäß der Realität, bald würde es als Instrument der Deformation erscheinen, dessen sich das Denken entledigen müßte, wenn es das innere Leben von praktisch nützlichen aber unverständlichen Symbolen befreien will, von denen es bedeckt ist.

Der gemeinsame Fehler aller Lehren, die wir haben Revue passieren lassen, ist also, daß sie die philosophische Untersuchung der »Erkenntnis um der | Erkenntnis willen und durch die Erkenntnis« unterordnen; so weit, daß sogar diejenigen, die systematisch die Theorie der Praxis unterworfen haben, sich noch unter den Kennzeichen einer Theorie darbieten, von der zu sagen ist, daß sie ein »Ziel in sich« und ein »Mittel für sich selbst« ist. Vielleicht besteht wirklich die einzige Weise, die Philosophie nicht der Tyrannei der alleinigen Reflexion auszusetzen darin, dem spekulativen Denken den Platz, den ganzen Platz und nichts als den Platz wiederzubeschaffen, den ihm gemeinsam der ganz spontane Gebrauch und die technische ausgefeilteste Theorie zuschreiben. Aber wie soll man sich hier verhalten, um diesen Erfordernissen Genüge zu tun? Gehen wir noch einmal die gänzlich negativen Ergebnisse durch, zu denen wir geführt wurden: Aus dem Vorangehenden folgt, daß — die Philosophie legitimerweise nicht von der Reflexion allein ausgehen kann; sie würde auf diesem Weg der abstrakten Analyse nie einen konkreten und wirklichen Ausgangspunkt erreichen, es sei denn durch einen nicht nur ungerechtfertigten sondern auch als unheilbar künstlich erkannten fideistischen Gewaltstreich; — die Philosophie nicht effektiv von der »praktischen Erkenntnis« oder der Prospektion allein ausgehen kann; denn es ist künstlich und faktisch unmöglich, diese Erkenntnis zu isolieren, ohne sie sogleich zu denaturieren, indem man sie in eine neue Art bastardhafter Reflexion umformt, die konsequenterweise nicht nur zum Agnostizismus führen würde sondern zum Nicht-Bewußtsein; derart daß der Endpunkt für den Ausgangspunkt der Untersuchung selbst destruktiv wäre; — die Philosophie sich auch nicht als Anfangsproblem die Frage nach der Beziehung zwischen Prospektion und Reflexion, von Handlungsdenken [pensée en action] und von Objektdenken [pensée en objet] stellen kann; denn das hieße, immer nur Abstraktionen zu realisieren, das Tun zum Objekt zu transformieren, kurz, über Entitäten und Allgemeinheiten zu spekulieren; und es hieße, durch eine fatale Vermengung der Erkenntnis des Tuns mit dem wirklichen und erkannten Tun diese praktische, aber spekulativ behandelte Erkenntnis mit einer Funktion zu belasten, die gemäß der These selbst auf keine Weise der Erkenntnis angehören kann: über den vorgeblichen intellektuellen Realismus des Tuns würde sich der praktische Agnostizismus des Denkens legen und ihn ersetzen. |

Scheinen nicht alle Wege vor uns verschlossen? Wo diesen Sackgassen entkommen, wie den Ausgangspunkt der Philosophie in einer Weise bestimmen, die nicht durch die erste Ausrichtung ihrer Untersuchungen ihren Erkenntniswert, ihre Tragweite und ihre praktische Wirksamkeit kompromittiert? Wie kann sie gleichzeitig Wissenschaft und Leben bleiben, gleichzeitig methodisch klar bestimmt und dem Gemeinsinn zugänglich? Dies ist die positive Seite unserer Aufgabe, der wir nun alle Kraft widmen müssen. |

[Fortsetzung]

Wie wir es bestimmt und gerechtfertigt haben, stellt sich unser Problem folgendermaßen: — Wie kann die Philosophie eine Disziplin im technischen Sinne bilden und sich dennoch gleichzeitig in das gemeinsame Werk der Menschheit einreihen? Welchen Eintrittspreis muß sie hier zahlen, und wie bleibt sie — trotz oder wegen dieses ihres Charakters, der sie für Eingeweihte zu reservieren scheint — dem Gemeinsinn verbunden? Wie bewahrt sie ein universales Interesse und wie bleibt sie mit dem allgemeinen Leben in Verbindung, das sie erleuchtet und vorwärts bewegt?

Die vorangehenden Analysen hatten schon ein positives Ergebnis, indem sie uns von falschen Wegen zurückhielten. Sie haben das Problem folgendermaßen näher bestimmt: — Das akthafte Erkennen schreitet immer gleichzeitig durch fragmentarische Reflexion und umgreifende Prospektion voran; aber keine kann je — wie gesehen — die andere ersetzen: weder können die Abstraktionen der spekulativen Analyse — als solche genommen — der Philosophie die wirkliche Wirklichkeit liefern, jene, die nicht bloß Objekt des Denkens oder eine künstliche Summe von Symbolen ist, sondern die Fülle des konkreten Seienden; noch können uns die Intuitionen der praktischen Synthese aus sich in Besitz der wahrhaften Wahrheit setzen, die nicht nur ein konfuses Gefühl oder eine Nominaldefinition ist, sondern die deutliche, ausdrucksfähige, brauchbare Sicht dessen, was ist. Es handelt sich also jetzt darum, die beiden untrennbaren und irreduziblen Aspekte des Erkennens gleichermaßen so zu berücksichtigen, daß sie in der Philosophie solidarisch und komplementär werden, wie sie es in | jedem Menschen sind, der handelnd denkt und denkend handelt. Wie ist dies möglich? Ich werde zunächst die zwei Hauptthemen in extremer Form nennen, um anschließend die Harmonien hören zu lassen, die sie hervorrufen, und die — indem sie allmählich wechselseitig aufeinander gründen — uns als Preis mühsamer Analysen den Eindruck einer einzigen Note geben werden, des philosophischen »Orgelpunkts«.

1. — Vom Blickpunkt der Reflexion aus als eine technische Disziplin und eine spekulative Untersuchung der wirklichen Wahrheit betrachtet, beginnt die Philosophie und beginnt sie einzig, wenn sie ihr gesamtes Forschen ausdrücklich dem einzigen und unausweichlichen Problem unterordnet, das in uns die Beziehung zwischen Bewußtsein und Tun aufwirft — statt sich nacheinander an partielle Gegebenheiten zu heften, als ob sie isolierbar wären; statt angesichts unterschiedener Objekte voneinander unabhängige Probleme zu stellen, als wären sie getrennt lösbar. Anders gesagt: die Reflexion wird nur strikt philosophisch, wenn sie sich gleich zu Anfang als Aufgabe vornimmt, die integrale Synthese der Prospektion zu erhellen. Und der Zoll, denn die Philosophie hier zu zahlen hat, um in ihre eigene Domäne einzutreten, ist — indem sie sich jeden verfrühten ontologischen Anspruch versagt —, im Laufe ihrer auch noch so analytischen Untersuchungen alles nur *summatim et sub specie unius et totius* [als Ganzes und unter dem Blickpunkt des Einen und Ganzen] zu betrachten.

2. — Vom Blickpunkt der Prospektion aus als ein auf Entdeckung und praktische Orientierung hinzielendes Werk betrachtet, beginnt die Philosophie und beginnt sie einzig, wenn sie die Aufgabe begreift und praktiziert, Letter für Letter das Buch des Lebens zu buchstabieren, das sich in uns einschreibt, seine leitenden Ideen hervorzuheben, seine Bestandteile einzuholen und zu assimilieren, die Entscheidung in den Blick zu nehmen und vorzubereiten — statt sich entweder auf eine globale Intuition zu beschränken, die ursprünglich dem spontanen Tun genügt, oder auf die partikulären Absichten, welche die grundlegende Neigung des Willens verbergen, ohne sie zu unterdrücken. Anders gesagt: die Prospektion wird nur strikt philosophisch, indem sie sich von Anfang an | als Aufgabe vornimmt, in sich alle fragmentarischen Errungenschaften der Reflexion zu redintegrieren. Und der Preis, den die Philosophie hier zu zahlen hat, ist — indem sie sich jede gefühlshafte Genugtuung, jede verfrühte moralische oder religiöse Schlußfolgerung versagt —, bei ihrem auch noch so synthetischen Vorgehen alles nur methodisch und fortschreitend, *singillatim*

et per gradus debitos [einzeln und schrittweise], zu betrachten.

Um diese beiden komplementären Thesen völlig zu verstehen, ist es nötig, sie durch den Aufweis zu kommentieren (andernfalls blieben sie im obskuren Zustand abstrakter Formulierungen oder erratischer Blöcke), wie es möglich ist, ihnen praktisch treu zu bleiben, indem man sie zum organischen Prinzip und zum Ausgangspunkt der Philosophie macht. Nachdem man gesehen hat, daß sie tatsächlich der geometrische Ort sind, wo die verschiedensten Theorien konvergieren, wird man feststellen, wie sie sich wechselseitig hervorrufen und durch eine Art *Circumincessio* [vollständige, wechselseitige Durchdringung[18] stützen. So begriffen erscheint die Philosophie nicht mehr als ein simpler Auszug des Lebens, als eine Repräsentation, als ein Schauspiel; sie ist das Leben selbst, das Bewußtsein von sich und Führung über sich gewinnt, dem Denken seine ganze Rolle und nichts als seine legitime Rolle gibt, die Gleichung von Erkennen und Existenz anzielt und gleichzeitig die Wirklichkeit unseres Seins mitten unter den Seienden und die Wahrheit der Seienden in uns entwickelt. Die Betrachtung des spekulativen Aspekts wird uns zur Wahrheit des praktischen Aspekts führen; die Betrachtung des praktischen Aspekts wird uns die Wirklichkeit des spekulativen Aspekts und den substantiellen Wert des Denkens sehen lassen. Durch diese Wechselseitigkeit wird das Problem – so hoffen wir – sich lösen lassen.

I.

Zweifellos hat man immer geglaubt, daß – wie Bossuet sagt – das Urteil des Philosophen das Ganze betrifft. Aber hat man immer genau die Bedeutung dieser vorgängigen Forderung, die-

[18] Der Begriff circumincessio entspricht dem griech. Perichorese in der christlichen Dogmatik und beschreibt in der Sprache der westlichen Theologie die Einheit der drei göttlichen Personen. Vgl. P. Stemmer: Perichorese. In: Historisches Wörterbuch der Philosophie. Bd. 7. Basel 1989, Sp. 255–259 (Anm. d. Hrsg.).

ser *conditio sine qua non* des Philosophierens begriffen? Und wird man sich nicht fragen — selbst wenn man sie in aller notwendigen Härte ausgesprochen hört —, ob | diese Bedingung buchstäblich realisierbar, ob sie einsichtig ist? Von keinem bestimmten Punkt auszugehen, weil keiner für sich absolut bestimmbar ist; weder das Subjekt noch das Objekt zunächst für sich zu betrachten, weil man sie nicht wie Atome der Erkenntnis oder der Substanz behandeln kann, ohne ihre Interdependenz-Beziehungen zu verkennen; sich bei keiner Teillösung aufzuhalten, weil jede derartige Lösung nur vorläufig und künstlich sein könnte; von Grund auf sehen, daß man nur künstliche oder hypothetische Schlußfolgerungen für wahre Ausgangspunkte nehmen würde, wenn man die Dinge als Empirist, die Ideen als Idealist, das Seiende als Realist, die Fakten als Positivst, die Bewußtseinszustände als Phänomenalist analysieren würde; begreifen z.B., daß ich, um als Philosoph von meinen gegenwärtigen Akt zu sprechen oder von dem Papier, auf das ich schreibe, meine Analyse durchgängig einer aufschiebenden Reserve und einer universalen Frage unterzuordnen habe, die keine grundlegende und definitive Behauptung erlauben, bevor mein Blick die Perspektive des Ganzen durchschritten hat; kurz, von dem auszugehen, was total und sogar endgültig zu sein scheint, und nicht in einem material definierten Objekt, sondern in der spezifischen Betrachtungsweise der Gesamtheit der Probleme das Formalobjekt und die genaue Charakteristik der Philosophie zu suchen: Das ist gewiß eine Zugangsweise der Vernunft, der man in der Geistesgeschichte keinen Philosophen durchgängig treu sieht, eine schon schwierig zu definierende Haltung (und die Schwierigkeit, die man zweifellos schon darin empfindet, den Sinn der vorhergehenden Sätze einzusehen, zeigt genügend, was es an unvermeidlich Technischem in einer solchen Disziplin gibt), aber eine Haltung, die methodisch in jedem Detail der Untersuchung zu bewahren noch schwieriger ist.

Man wird sicher gern zugeben (so wenig man hieran auch denken mag), daß dieser »universalistische« Charakter genau der spezifische Zug der Philosophie ist. Man wird auch der technischen Anstrengung zustimmen, die er erfordert; und indem man über die unaufhörlich wachsende Kompliziertheit der verschiedenen Wissenschaften nachdenkt, die mehr und mehr eine mühsame Einweihung voraussetzen, ist man eher erleichtert als schockiert bei dem Gedanken, daß auch die Philosophie ihre durch völlig andere Forderungen verteidigte Pforte | hat als durch das legendäre »Keiner trete hier ein, der nicht Mathematiker ist«.[19] Ebensowenig wird man verkennen, daß diese bei der spekulativen Untersuchung anscheinend so schwierig zu erfüllenden Bedingungen tatsächlich ganz natürlich vom Leben befolgt werden, das sich in dem immer unstabilen Gleichgewicht seiner Bewegung unaufhörlich seinem ganzen Milieu anzupassen sucht. Man wird vielleicht so weit gehen anerzuerkennen, daß die meisten Theorien einen Kunstgriff benutzen, indem sie durch fragmentarische Analysen fortschreiten und sich von vornherein an partielle Resultate halten. Aber — so wird man zweifellos hinzufügen — ist diese Art von Mogelei nicht gerechtfertigt durch die Unmöglichkeit, anders vorzugehen, der der Philosoph preisgegeben ist? Wie soll man praktisch der aufschiebenden Reserve Rechnung tragen, die soeben gefordert wurde? Wie der Bedingung Genüge tun, die nichts bedeutet, wenn sie nicht alle Formen der spekulativen Aktivität beherrscht und umfaßt, der sich zu unterwerfen man aber kein Mittel sieht? Gerade dies ist die aufzuhellende Dunkelheit. Um hier weiter zu kommen, werden wir die Korollarien zusammenstellen, die unser Hauptvorhaben verdeutlichen, indem sie zeigen, wie es anwendbar ist. Und indem wir dabei die Einwände diskutieren, die es hervorruft, werden wir aus solchen Hindernissen selbst eine entscheidende Bestärkung erfahren.

1. — Die erste Harmonie der Grundnote ist die folgende, zwar immer mitgehörte Wahrheit, die aber deutlich zum Ausdruck kommen muß und der es bis in ihren entferntesten Widerhall zu folgen gilt: vor jeder Untersuchung, vor jeder Behauptung über die Realität unseres Seins und der Objekte, die wir den-

[19] Anspielung auf die legendäre Inschrift über der Eingangstür der platonischen Akademie (Vgl. Der kleine Pauly. Bd. 1. München 1964, Sp. 212) (Anm. d. Hrsg.).

ken, müssen wir uns Rechenschaft von dem geben, wovon wir wirklich ein Seinsbewußtsein haben und was wir tatsächlich denken. Offenbar geht diese Frage jeder anderen voran: von dem Augenblick an, wo man überlegt, sie zu stellen, und wo man wirklich in ihre Bedeutung eindringt, kann man nicht mehr bestreiten, daß sie als erste zu lösen ist. Was heißt es aber, sich darüber Rechenschaft zu geben, was man wirklich denkt, wenn nicht die Verkettung der Zustände, die — außer durch Abstraktion — nie getrennt sind, zu erfassen, die Nebenumstände unserer offensichtlichen Vorstellungen und aktuellen Zustände zu prüfen, darin die bewußten und unbewußten Bedingungen | — vorangehende und folgende — zu entdecken, davon zweifellos kein ausschöpfendes Inventar machen zu wollen, aber die Bänder zu erfassen, die die Einheit unseres geistigen Lebens gewährleisten und die in uns einen doppelten, in seinen verschiedenen Teilen eng verflochtenen Determinismus der Welt des Denkens und der Welt der Natur bewirken? Ich habe hier dieses beschriebene Blatt: aber ebenso wie sich um den Punkt, den mein Blick fixiert, die unbestimmte Zone einer konfusen Sicht entwickelt, verbindet sich diese Wahrnehmung des Papiers in alle Richtungen mit den Existenzen und Kenntnissen, die von dieser Gegebenheit aus ihre unbegrenzte *Siris*[20] entfalten: auf meinen Tisch gelegt, durch die meinen Tisch gelegt, durch die Gravitation mitgerissen, die — selbst physikalisch — alles verbindet, bietet das Blatt, auf dem ich schreibe — wenn es durch einen Kunstgriff des Denkens den äußeren Bedingungen, von denen es abhängt, entzogen wird — der psychologischen Forschung noch einen unwägbaren Reich-

20 Anspielung auf George Berkeley: Siris : a chain of philosophical reflexions and inquiries concerning the virtues of tarwater, and divers other subjects connected together and arising one from another (1744). In: The Works of George Berkeley, Bishop of Cloyne / A. A. Luce ; T. E. Jessop (Hrsg.). Bd. 5. London 1953, S. 1–164. Dt.: G. Berkeley: Siris / L. u. F. Raab (Übers.). Leipzig 1913 (PhB 149). Blondels Interesse an dieser Schrift, die ausgehend vom Teerwasser und dessen heilsamen Wirkungen allgemeine metaphysische Erwägungen entwickelt, kann u.a. aus folgendem Passus (§ 237) deutlich werden: »Es genügt aber auch nicht, von gegenwärtigen Erscheinungen und Wirkungen auszugehen und durch eine Kette natürlicher Ursachen und

tum von inneren Beziehungen, eine unerschöpfliche wissenschaftliche Materie. Wenn ich meine Aussage gemäß der sogenannten klaren und distinkten Wirklichkeit, die eine erste Reflexion mir davon zeigt, auf das beschränkte, was mir so als das wahre und eigentliche Objekt meiner Erkenntnis gegeben ist, würde ich mich nicht nur einem unvollständigen Begriff unterwerfen, einer verarmten Form von Existenz, sondern ich bejahte etwas Falsches, indem ich das, was es an Stillgelegtem und Klarem in meiner Vorstellung gibt, für das nähme, was die Wirklichkeit des Objekts selbst bestimmt. Hindert die Harmonie der Zeichnung und der Farbe, die ich mit bloßem Auge auf dem Flügel des Schmetterlings bewundere, daß die gänzlich andere Sicht ebenso wahr sei, die mir das Mikroskop davon gibt?

Man darf die Dinge also nicht beurteilen, als ob die scheinbare Kontinuität und Fülle der gewöhnlichen Sinneswahrnehmung das Maß des Wahrnehmbaren und Wirklichen sei, als ob z.B. die Röntgen-Strahlen verwirrend und beinahe skandalös wären, weil man sie in einem bereits gefüllt erscheinenden Milieu ansiedeln muß. Und man darf umgekehrt nicht im Namen der neuen Errungenschaften der wissenschaftlichen oder metaphysischen Reflexion die direkten Beiträge der spontanen Wahrnehmung leugnen. Statt also *hinter dem Gegebenen* ein immer fliehendes Phantom zu verfolgen, muß man *in dem Gegebenen selbst* einen immer nur dunkel gegenwärtigen Reichtum an Wirklichkeit entdecken. Das | Problem des Seins ist nicht begrenzt: Und wenn man den objektiven Wert der Erkenntnis wie eine spekulative Allgemeinheit behandeln will, verdammt man sich dazu, nur Entitäten in den Seienden zu finden. Es gibt keine absolute Erkenntnis des Relativen außer vom Blickpunkt des

untergeordneter, blinder Agentia hindurch als die entfernte, ursprüngliche Ursache einen göttlichen Intellekt zu bezeichnen, der zuerst die Welt geschaffen und sie dann in Bewegung gesetzt habe. Wir können ja nicht einen einzigen Schritt in der Erklärung der Erscheinungen voranschreiten, ohne die unmittelbare Gegenwart und Tätigkeit eines unkörperlichen Agens anzunehmen, alle Dinge verbindet, bewegt und nach solchen Regeln und für solche Zwecke einrichtet, die ihm gut scheinen« (Anm. d. Hrsg.).

Ganzen aus. Sich zu fragen, *ob* dieses Papier, wie eine summarische Reflexion es mir zeigt, *existiert,* ist, wenn man diese Frage von vornherein in solch abstrakter Form stellt, eine künstliche Neugier, auf die man kaum mehr als verbal antworten kann. Sich zu fragen, *was es ist,* schrittweise dahin zu gelangen, diesen objektiven Begriff mit einer mehr und mehr konkreten Erkenntnis zu füllen, die impliziten Bedingungen dieser Wahrnehmung zu explizieren, die, obwohl sie einfach scheint, nichts desto weniger eine immens komplexe Synthese ist, das ist die normale Methode, die zwar nicht den realistischen Instinkt des Denkens verkennt, noch weniger aber das kritische Bedürfnis des Geistes antastet, und die allein die Untersuchung auf eine zugleich intelligible und konkrete Wirklichkeit hin orientieren kann.

Von hier aus finden sich die hartnäckigsten und gegensätzlichsten Tendenzen der traditionellen Philosophie zufriedengestellt und vereint, die sich in zunehmendem Maße ständig zugleich mit dem psychologischen Leben wie mit der positiven Wirklichkeit befaßt hat. Aber sie sind es nur durch eine Transposition der Perspektiven oder vielmehr einen Rückgang des Denkens hinter die Verzweigungen und Abwege einer falschen Weichenstellung. Es ist wahr, daß die Philosophie seit Sokrates in vieler Hinsicht nur eine lange Bemühung immer stärkerer Interiorisierung ist. Aber es ist nicht der Subjektivismus, der das normale Ziel dieser Bewegung ist. Denn damit man von Subjektivismus sprechen kann, muß man zuerst in einer Art fiktiver Dichotomie das Subjektive und das Objektive als getrennte Entitäten separiert und entgegengesetzt haben. Wenn man behauptet, daß uns nur Bewußtseinszustände gegeben sind, bezieht man sich auf einen unbewußten Objektivismus. Man entgeht dagegen diesem Spiel täuschender Entgegenstellungen von dem Augenblick an, wo man — den Ausgangspunkt der Philosophie vor jeden Realismus oder Idealismus setzend — sich zunächst einzig bemüht, das Gegebene zu inventarisieren, festzustellen, | was wir nicht umhin können zu denken, in der spontanen Bejahung unser selbst einzuschließen und als Seiendes zu begreifen.

Doch hier erhebt sich sogleich ein Einwand. Wie soll man

eine solche Untersuchung angehen; wird man sich nicht vom ersten zögernden Schritt auf diesem Wege an in Flugsand verlieren? Kann die Untersuchung ohne einen fixierten Stützpunkt beginnen? Und wenn man als Anfangsgegebenheit nicht die wirklich konkrete Erkenntnis nehmen kann, da die Reflexion, außerhalb derer sich keine Philosophie konzipieren läßt, gezwungen ist, in Abstraktionen fortzuschreiten, muß man nicht wohl oder übel sich am Beginn mit annähernden und künstlich konstruierten Begriffen begnügen, aber mit definierten und festen? — Dieser Einwand führt uns zur zweiten der harmonischen Wahrheiten, ohne welche man nicht wirklich unser Grundthema versteht.

2. — Sobald man im Ernst dieses Werk genauer Feststellung begriffen und unternommen hat, nimmt man in der Tat wahr, daß es unvollendbar ist. Nie schöpft die Reflexion die Prospektion noch sich selbst aus. Weder in uns noch außerhalb von uns gelangt man je auf spekulativem Wege zu festen, distinkten und irreduziblen Objekten, zu Atomen des Bewußtseins oder der Substanz, es sei denn durch eine praktisch unvermeidliche aber philosophisch illegitime Fiktion. Wenn man also zugibt, wie man wohl muß, daß diese Aufgabe stets vorläufig ist, so gibt man eben damit zu, daß sie in einem sehr tiefen Sinn definitiv ist. Und daraus folgt von Beginn an eine ganz andere Ausrichtung, ein ganz anderer Umfang der philosophischen Forschung: Sie zielt nicht mehr darauf, am Ende ihrer Regressionen ein für allemal definierte Elemente zu entdecken, in ihrem Umfang fixierte Begriffe, wie es anscheinend die eines Kristalls sind, Formeln, die es erlauben, mit Hilfe dieser Materialien die als geschlossenes System betrachtete Realität ideal zu rekonstruieren; sie zielt darauf, den Richtungssinn der Bewegung auszumachen, um die künftige Orientierung der Erkenntnis von den vergangenen Erfahrungen profitieren zu lassen. Wie | es immer Neues auf der Welt gibt, so kann man nicht das Sein im Ruhezustand ergreifen, in einer bloß statischen Definition, es sei denn durch einen so fragmentarischen, so denaturierenden Blick, wie es die sogenannte Momentaufnahme einer Schwalbe im Flug ist. Es ist also das Gesetz der Entwicklung zu bestim-

men, um das Gesetz der Natur des Seins zu erkennen. So muß man hinsichtlich dessen, was uns direkter betrifft, sagen, daß die Kurve unserer Existenz kaum in groben Umrissen entworfen ist: *nondum apparuit quid erimus.*[21] Behandeln wir daher das Embryo, das wir sind, nicht wie ein vollendetes Seiendes: *initium aliquod creaturae.*[22] Meine Wirklichkeit ist nicht, was ich in dieser Sekunde bin, was ich vor zehn Jahren war oder in zehn Tagen sein werde. Es ist die Gesamtreihe der Positionen dieses Mobiles, das ich bin, auf die Einheit der Intuition gebracht, unter dem Gesetz, das sich meinem Fortschreiten auferlegt und mein Leben beurteilt.

Hier nimmt die Wahrheit Gestalt an, die zunächst vielleicht obskur und ungreifbar schien: Die Philosophie zielt von ihrem Ausgangspunkt an auf die ständige Bewegung und sucht Festigkeit nur in der Ausrichtung ihres Ganges. Darin kommt sie – indem sie sie transponiert – Neuansätzen entgegen, die in so vielen Bereichen in evolutionistischen und symbolistischen Lehren zunehmend an Aktualität gewinnen, jener Vorliebe für das *fieri* in jeder Ordnung der Wissenschaften, jenem wachsenden Geschmack an historischen und genetischen Untersuchungen. Man darf nur nicht aus diesem *fieri* ein neues *esse* machen. Man darf nicht die in der Reflexion als fixierte Entität betrachtete Bewegung zu einer unbeweglichen und definitiven Erklärung erheben. Man darf den Dynamismus des Lebens nicht statisch behandeln. Es ist also nötig, von den ungerechtfertigt metaphysischen Konklusionen frei zu bleiben, die aus einer Forschungsmethode eine systematische Lösung machen und die dort, wo man vom »Ausgangspunkt der Untersuchung« spricht, übersetzen: »Lehre von den Ursprüngen, Gesetz der Evolution, Symbolismus des Denkens«. Wie ist das möglich?

Denn hier erhebt sich ganz von selbst eine neue Schwierig-

21 Vgl. 1 Joh 3,2: »was wir sein werden, ist noch nicht offenbar geworden« (Anm. d. Hrsg.).

22 Vgl. Jak 1,18: »Aus freiem Willen hat er uns durch das Wort der Wahrheit geboren, damit wir gleichsam die *Erstlingsfrucht seiner Schöpfung* seien« (Anm. d. Hrsg.).

keit. Es ist zweifellos gut, auf dem plastischen Charakter des Lebens des Geistes oder der Natur zu bestehen und bis auf | Heraklit oder Anaximander das lebendige Gefühl der universellen Mobilität zurückzuverfolgen. Aber nur eines von beiden geht, wird man sagen: entweder muß man diese Denkbewegung selbst in eine fixierte Lehre transformieren; oder man muß anerkennen, daß die Philosophie in ihrer Anstrengung, das Ungreifbare zu ergreifen, das Unerkennbare zu erkennen, nur der Elan, der Atem, die Aktivität des Geistes ist, der den ephemeren Formeln gleichsam immer transzendent und äußerlich ist, in welche er eine unaufhörlich neu zu beginnende Arbeit faßt. Und muß man daher nicht sagen, daß die so verstandene Philosophie von keinem erreichten Punkt *ausgehen* kann, sich keiner positiven Disziplin unterwerfen, sich durch keinen spezifischen Charakter definieren kann, kurz, daß sie wesentlich *Anarchie* ist, reine Freiheit des Denkens, ἄνευ ἀρχῆς [ohne Prinzip]? — Die Antwort auf diesen wesentlichen Einwand wird geliefert durch die dritte der Thesen, die jetzt zu prüfen ist, und die wegen ihrer entscheidenden Bedeutung alle Aufmerksamkeit des Lesers verlangt.

3. — Anstelle des trügerischen Problems der Beziehung zwischen den Vorstellungen und den Dingen oder den Seienden (einer gemeinsamen Quelle des Rationalismus, des Relativismus und des Agnostizismus), muß man das ganz andersgeartete Problem der Beziehung zwischen unserem Denken und unserem Tun setzen, unserer aktuellen Erkenntnis und dem impliziten Zustand, den sie voraussetzt und vorbereitet. Das, was uns vorgängig zu jedem spekulativen Vorurteil gegeben ist, ist weder das Feste noch das Mobile, weder das Relative noch das Absolute; es ist das, was Malebranche die »Unruhe« nannte;[23] der Zustand des immer instabilen Gleichgewichts oder der innerlichen Disproportion, wie z.B. jede Anstrengung zur Befriedigung von vorangehenden Anforderungen, die sich spontan dem

23 Vgl. N. Malebranche: De la recherche de la vérité. IV, Kap. 2, § 1. In: Oeuvres / Éd. G. Rodis-Lewis. Paris 1979, Bd. 1, S. 391f. (Anm. d. Hrsg.).

Denken manifestieren, spätere Anforderungen offenbart, die sich dem Tun moralisch auferlegen.

Das zu bestimmende x ist also kein hypothetisches Objekt, keine ideale Fiktion. Es ist die immanente Wirklichkeit, die den Ursprung und das Ziel umfaßt, im Hinblick auf die unser aktuelles Denken die Wirkung und das Mittel ist. Und um diese Mischung von dunklen Virtualitäten, bewußten Tendenzen und impliziten Antizipationen zu bezeichnen, scheint das Wort *Tun [action]* gut gewählt. Denn es umfaßt zugleich das latente Vermögen, die erkannte Realisation, das konfuse Vorherahnen all dessen, was in uns | die Bewegung des Lebens bildet, erleuchtet und magnetisiert. Die Philosophie beginnt also, wo sie sich ausdrücklich das Studium dieser inneren Ungleichheit vornimmt, um zu einer fortschreitenden Übereinstimmung des Impliziten und des Expliziten zu gelangen. Ihr eigentliches Objekt ist das Tun. Und — nochmals — man darf dieses Wort nicht verstehen, als ob es sich um eine von außen, in ihrer Entgegensetzung zum Denken gesehene Entität handelte, dessen besonderes Objekt oder äußerer Bezugspunkt sie würde. Es handelt sich vielmehr um die bereits in uns enthaltene Wirklichkeit, die positive Zielrichtung, die die Entfaltung des je bestimmten Denkens wie des moralischen Lebens in jedem Menschen stimuliert. Aus diesem Grund läuft die Philosophie keine Gefahr, anarchisch zu bleiben: Es gibt in dem einen und ganzen Tun, das unsere Person ausmacht, ein inneres Prinzip, das die fragmentarischen Gedanken und Taten orientiert, fordert und beurteilt. Und die Philosophie muß ein klares Bewußtsein von dieser ursprünglichen Orientierung entwickeln, diese maßgebenden Forderungen bestimmen und verwirklichen, diese Urteile entdecken und im Voraus erfassen, um im Bewußtsein und in der Wissenschaft alles zu integrieren, was spontan im Leben ist, und um im Leben alles zu integrieren, was sich an Wahrheiten im Bewußtsein und in der Wissenschaft manifestiert. An die Stelle der abstrakten und chimerischen *adaequatio speculativa rei et intellectus* [der spekulativen Übereinkunft der Sache mit dem Intellekt] setzt die methodische Forschung zu Recht die *adaequatio realis mentis et vitae* [die wirkliche Übereinkunft des

Geistes mit dem Leben]. Von dieser inneren Regel sagt Pascal, daß sie viel gebietender als ein Meister befiehlt. Denn man entzieht sich ihr nicht außer durch Mangel an Redlichkeit. Und man entgeht ihr in Wirklichkeit nie.[24]

Von hier aus finden sich zweifellos die Bedürfnisse befriedigt und versöhnt, für die der Relativismus einerseits und der spekulative Dogmatismus anderseits nur ungesunde Nahrung und illusorische Antworten bereithalten. Wenn man bemerkt hat, daß Realismus und Idealismus sich gleichermaßen auf dic künstlichen Postulate eines uneingestandenen Fideismus gründen, bildet man sich allzu leicht ein, daß die Lehre einer universellen Relativität die unvermeidliche Konsequenz und das natürliche Heilmittel solcher Enttäuschung sind. Aber der Begriff der Relativität selbst entsteht auf täuschende Weise aus einer innerlich kontradiktorischen Fiktion: er setzt voraus, daß man im totalen *fieri* gewisse entgegenzusetzende Begriffe wie logische Atome isoliert | und sich sodann außerhalb ihrer Bewegung gestellt hat, um sie abstrakt durch eine Art formalen Absolutismus zu betrachten. Anstelle dieser fehlerhaften Konzeption, die auf dem Terrain bleibt, das sie zu untergraben vorgibt, muß also die Bejahung der doppelten normalen Disproportion des Denkens im Akt und des Tuns auf dem Weg, sich zu verwirklichen und zu reflektieren, treten: Wechselseitig geht das Leben der Idee voran und bereitet es sie vor und befördert und stimuliert die Idee das seiner selbst bewußte Leben. Der Begriff der Relativität macht daher dem gänzlich anderen der Inadäquation Platz. Und während der ein für allemal *in abstracto* gesetzte Relativismus unheilbar ist, da er keine Methode der fortschreitenden Reduktion oder Approximation enthält, ist es immer möglich und immer verpflichtend, danach zu streben, sich selbst anzugleichen, ein volleres Bewußtsein dessen, was man ist, zu gewin-

[24] Anspielung auf die Pensées, Laf. 768, Br. 345: »Die Vernunft gebietet uns weit herrischer als ein Meister: denn ist man diesem ungehorsam, wird man unglücklich; gehorcht man jener nicht, ist man ein Narr« (Anm. d. Hrsg.).

nen und das, was man weiß, vollständiger zu verwirklichen. Statt des Versuchs, zunächst zu erkennen und Objekte zu erkennen, geht die Philosophie also von dem unüberwindlichen Bedürfnis aus, uns unaufhörlich in unserer Bewegung anzugleichen. Sie hat als formalen und spezifischen Ausgangspunkt die systematische Bejahung unserer aktuellen Inadäquation und der Solidarität aller Probleme, die unser Sein und das Seiende betreffen. Denn wir können nicht zu den anderen Seienden gelangen, außer durch unser Sein, und wir realisieren uns selbst nur, indem wir sie zunehmend in uns realisieren.

Aber, wird man sagen, schließt uns eine so verstandene Untersuchung nicht im »Subjekt« ein? Diskreditiert sie nicht die objektive Arbeit der Reflexion? Beschränkt sie nicht die Philosophie auf das ethische Problem allein oder sogar nur auf einen einzigen Aspekt des ethischen Problems, auf den autozentrischsten Individualismus, um nicht zu sagen auf den Solipsismus? — Nein, denn sie kennt zunächst kein »außen« noch »innen«; sie erklärt nicht weniger, wie das persönliche Leben sich allmählich von den Dingen freimacht, wohinein es versenkt ist, als sie zeigt, wie wir in uns die ganze Natur resümieren, um sie unseren Zielen dienstbar zu machen. Eben durch diesen Einwand werden wir also zur Wahrheit einer vierten These geführt.

4. — Indem sie das Problem der inneren Angleichung stellt, | stellt die Philosophie gleichzeitig das Problem der universalen Realität in der einzigen Form, in der es gelöst werden kann. Vom augenscheinlichen *Ich* zum integralen *Ich* gibt es in der Tat ein Unendliches zu überschreiten, aufzufüllen. Um mich mir selbst anzugleichen und mich zu besitzen, habe ich das Universum und Gott in dieses Bedürfnis nach Sein, Ewigkeit, Glück zu setzen, das mich konstituiert. Mit den fragmentarischen Gegebenheiten der aktuellen Wahrnehmung und der wissenschaftlichen Reflexion als einzigem Material gäbe es kein Mittel, das Seiende zu rekonstruieren und das Konkrete *in mente* wiederzuerstellen. Aber jeder Aspekt, den wir von den Dingen mit Hilfe und zum Nutzen unserer persönlichen Erfahrung gewinnen, öffnet neue Perspektiven für unsere Erkenntnis wie für unser Tun. Wir gelangen so dahin, mehr vom Wirklichen zu denken und

mehr vom Gedachten zu realisieren. Von daher werden die Solidarität alles Existierenden, aus dem sich unsere Existenz aufbaut, und die Solidität des Werks, das unsere Person aktualisiert, in ein wachsendes Licht gerückt. *Ab exterioribus ad interiora, ab interioribus ad superiora [von den äußeren zu den inneren, von den inneren zu den höheren Dingen].* Wenn man aber von den drei Begriffen, die der hl. Augustinus[25] anzeigt, den mittleren unterdrückt, ist die Brücke zerbrochen und man hat nur inkommunikable Entitäten gegenwärtig. Es gibt auf theoretischem Weg und durch abstrakte Dialektik keinen direkten Zugang von der objektiven Erkenntnis zur Wirklichkeit der Subjekte. Man kann die Transzendenz nur auf dem Weg der Immanenz erreichen und definieren, das Äußere nur durch das Innere. Und wir können die Seienden, wie sie an sich sind, nicht wiederherstellen, wenn wir nicht daran arbeiten, sie in uns zuzulassen, und wenn wir nicht damit beginnen, daß wir selbst für sie und sie für uns in Konformität mit allem sind, was sich in uns und in ihnen an angeborenem Drängen, logischen Bedürfnissen, natürlichen Forderungen, moralischen Aspirationen und wechselseitigen Pflichten zeigt. In jedem Moment, bei jedem Fortschreiten dieser Adaptation, präzisiert und befreit sich das Unbekannte in uns, das wir selbst in unserer Beziehung mit allem Übrigen sind: Indem wir uns zu verwirklichen und zu erkennen suchen, durchlaufen und hierarchisieren wir die Seienden und die Wissenschaften. Und weit davon entfernt, damit auf eine Isolierung zu zielen, suchen und finden wir uns nur wirklich in der Einigung mit allem.

Es erübrigt sich, die evidente Konvergenz | der heftigsten und kontrastierendsten Bewegungen des zeitgenössischen Denkens

25 Z.B. Enarrationes in psalmos, Ps 145, par. 5: »revocat se ab exterioribus ad interiora, ab inferioribus ad superiora« — »Er wendet sich zurück von den äußeren zu den inneren Dingen, von den niederen zu den höheren«; vgl. De Trinitate, lib. 14, cap. 3: »[...] ab inferioribus ad superiora ascendentes vel ab exterioribus ad interiora ingredientes«; dt.: Fünfzehn Bücher über die Dreieinigkeit. München 1936 (BKV II, 14), S. 212: »Wenn wir nämlich vom Niederen zum Höheren aufsteigen oder vom Äußeren in das Innere eintreten [...]« (Anm. d. Hrsg.).

in dieser Theorie zu unterstreichen: Tendenz zum Bewußseinsatomismus und einem moralischen Personalismus; Tendenz zum Sozialismus oder gar einem universalen Solidarismus. Diese Thesen erscheinen gewöhnlich als unvereinbar. Das ist aber nicht der Fall, wenn man den Ausgangspunkt der Philosophie — statt ihn in den antithetischen Abstraktionen des Verstandes zu suchen — in die ganz konkrete Anstrengung des Denkens und des Lebens verlegt, um fortschreitend die Bedingungen ihres immer in Bewegung befindlichen Gleichgewichts zu bestimmen.

Aber — so wird man vielleicht immer noch antworten — ist eine solche Untersuchung nicht durch ihren Ausgangspunkt selbst dazu verdammt, flüchtig bis ins Unendliche, ohne mögliche Konklusionen oder zwischenzeitliche Stützpunkte zu sein? Eben schien es, als ob man nicht von einem präzisen Anfangspunkt *ausgehen* könnte, wie wenn man ein Mittel hätte entdecken müssen, um das Ungreifbare zu ergreifen. Scheint es nun nicht so, als ob man nie zu einem bestimmten Resultat *gelangen* könnte, zu einer klaren Doktrin, als ob man das Unerschöpfbare ausschöpfen müßte, bevor man was auch immer an Positivem feststellt? Und wenn man die Unzuträglichkeiten des Rationalismus, des Relativismus oder des Symbolismus anscheinend vermieden hat, fällt man dann nicht schließlich in eine Art Amorphismus ohne jeden wissenschaftlichen Charakter und ohne jeden mitteilbaren Ausdruck?

In der Tat handelt es sich keinesfalls darum, ein geschlossenes System oder eine Theorie, die sich selbst genügt, zu konstruieren, sich des Unendlichen in einer fixierten Formel bemächtigen zu wollen, eine Theorie der Praxis »einzuschließen« [»boucler«]: Es geht darum, der Praxis die Orientierung, das Licht, die Verifikation zu bringen, die für den immer solidarischen Fortschritt des Denkens und des Lebens wichtig sind. Die Spekulation ist nicht ein Doppel des Tuns. Beide ersetzen sich nicht und leiten sich nicht wechselseitig von außen. Und somit gelangen wir schließlich dahin, die Wahrheit, die wir schon immer im Herzen haben, zu voller Klarheit zu bringen, weil in ihr sich normalerweise jede philosophische Blickrichtung entwirft. Von ihr geht diese ursprüngliche Untersuchung aus, von ihr her wird sie einsichtig und durchführbar, diese | technische Spekulation, von der wir einige Aspekte anzeigten und deren spezifischen Charakter wir von Anfang an bestimmten wollten, indem wir vereinbarten, daß sie gleichzeitig einen durchaus praktischen Sinn bewahren müßte.

5. — Die Philosophie beginnt erst dann wahrhaft, wenn sie, nicht damit zufrieden, sich auf die Idee des Tuns als ihr eigentliches Objekt zu beziehen, sich dem realen Tun unterwirft und »praktizierend« wird. Die den meisten Systemen gemeinsame Illusion besteht darin, das Problem so zu stellen, als ob es auf spekulativem Weg eine unabhängige Lösung dafür gäbe; als ob man sein Denken mit Wahrheit füllen könnte, ohne sein Sein mit Wirklichkeit zu füllen; als ob es genügte, nachträglich und aus einem gänzlich logischen Wollen *extrinsecus* durch eine autonome Dialektik bestimmte Ideen zur Anwendung zu bringen. Nein, die lebenspendende und wirkliche Wahrheit ist nicht ein System, dessen man sich durch bloßes Räsonieren bemächtigen kann; man tritt nur weiter in die Erkenntnis des Wirklichen ein, wenn man die asketische Methode und die spekulative Anstrengung vereint. Was es durch und durch zu begreifen gilt, ist, daß die Philosophie ihr Ziel nicht in sich hat, daß sie vom Ursprung bis zum Ziel ihrer Untersuchung nur eine Vorläuferrolle und sozusagen eine Kupplerrolle hat, wie schon Sokrates gespürt hat. Es gilt zu verstehen, daß das verwirklichte Tun buchstäblich eine integrierende Bedingung des philosophischen Erkennens ist; daß das theoretische Denken es nicht ersetzt und kein einfacher Spiegel davon ist; daß wenn auch die Reflexion in gewisser Hinsicht die Praxis erleuchtet und befehligt, umgekehrt die Praxis der Reflexion eine Lehre beibringt, die man auf keinem anderen Weg erhält; daß entgegen einem Satz von Descartes, »das Tun und die Idee des Tuns« keinesfalls gleichwertig sind;[26] daß das Ziel der Spekulation genau darin besteht, sich in diesen Zwischenraum zu bewegen, ohne je zu meinen, ihn aus sich selbst auszufüllen, und daß die Philosophie sich,

[26] Die Anspielung ist nicht genau zu klären. Vgl. etwa René Descartes' Réponse aux troisièmes objections (von Hobbes), obj. seconde: »la pensée

in einem Wort, durch die allertechnischste Anstrengung, die sie vornimmt, um sich zu definieren, noch tiefer dem Leben einbildet. Unter diesem komplementären Aspekt muß sie jetzt also betrachtet werden. Die Notwendigkeiten des Denkens haben uns zum Tun geführt; die Bedürfnisse des Tuns bringen uns wieder zum Denken zurück, ohne daß wir künftig zu befürchten hätten, von | der fragmentarischen Reflexion getäuscht zu werden. Von dieser umgekehrten Perspektive aus werden wir nun die Wiedereinbringung des intellektuellen Elements, der objektiven Spekulation, der ontologischen Erkenntnis allmählich geschehen sehen, dank eben der Entwicklung der vitalen Rolle des Denkens.

II.

Die Philosophie hat sich nie auf die analysierende Reflexion beschränkt. Instinktiv hat sie immer nach diesem ganz einheitlichen Wissen ausgelangt, nach dieser synthetischen Sicht, folglich nach dieser Wissenschaft des Tuns, die sich auf alles bezieht. Denn wenn das Tun auch immer nur partiell gewußt ist, *mente*, so ist es doch immer integral gesetzt, *facto*. Man braucht sich daher nicht darüber zu wundern, wenn die einzige Philosophie, die dem Gemeinsinn und dem allgemeinen Wunsch gemäß ist, eine »praktizierende« Philosophie ist, die zweifellos von der diskursiven Arbeit des Denkens inspiriert, aber noch stärker darauf erpicht ist, das Problem des Lebens selbst zu lösen. Eine Lehre, die kaum mehr tut, als einen Ideenpalast zu konstruieren und sich hier einzuschließen möchte, indem sie von weit oben her die Realitäten der allgemeinen Existenz betrachtet und re-

se prend quelquefois pour l'action, quelquefois pour la faculté, et quelquefois pour la chose en laquelle réside cette faculté«; dt.: Descartes: Meditationen... / A. Buchenau (Übers.). Hamburg 1972, S. 158 (PhB 27): »das Denken (Bewußtsein) [wird] bald als die Tätigkeit (actio), bald als die Fähigkeit (facultas), bald dagegen als die Sache, in der die Fähigkeit enthalten ist« genommen (Anm. d. Hrsg.).

gelt, bliebe dem Menschen unüberwindbar suspekt. Wenn die Philosophie die säkularen Lobsprüche rechtfertigt, die sie trotz des Mißbrauchs und der Abirrungen, die sie oft in Verruf gebracht haben, erhalten hat, dann in dem Maße, wie sie sich gemäß der Etymologie ihres Namens als bloße »Liebe zur Weisheit«, im Bewußtsein ihrer angeborenen Insuffizienz und ihrer dauernden Unterordnung, nicht auf die Wissenschaft um der Wissenschaft willen beschränkt hat und wie sie systematisch nicht nur diese sterile Erkenntnis überschreitet, die nicht zum Handeln kommt, sondern auch die überhebliche Wissenschaft, die beansprucht, das Konkrete durch Abstraktionen zu beherrschen. Nach allgemeiner Ansicht ist der wahre Philosoph weder derjenige, der sich zufrieden gibt zu denken, noch derjenige, der sich damit begnügt zu realisieren; es ist derjenige, der je mehr er erkennt, desto besser handelt, der aus seiner Erfahrung selbst einen Zuwachs an Licht und Kraft zieht, der besser weiß, was er tut, weil er zunächst getan hat, was er wußte. Wir werden gut daran tun, aufgrund dieser instinktiven Ansicht | einen Kommentar zu liefern, der uns — über eine Reihe von Wahrheiten — präzis zum Ausgangspunkt der Philosophie im technischen Sinne führen wird, indem er zeigt, wie die Spekulation dazu beiträgt, das Problem des Wirklichen zu lösen, und wie es kommt, daß die Erkenntnis im eigentlichen Sinn des Parmenides zum Sein gehört.[27]

1. — *Primum vivere, deinde philosophari [zuerst leben, dann philosophieren]:* Dieses Diktum ist in dem Sinn wahr, daß die Reflexion eine vorangehende spontane Aktivität nötig hat, um zu entstehen. Es wäre falsch, wenn man meinte, daß die Philosophie sich darauf beschränkt, nachträglich das zu erhellen, was schon ohne sie vollständig ist, daß sie nichts tut, als einen präexistierenden Determinismus widerzuspiegeln. Sie fügt sich nämlich in diesen ein und erweitert ihn. Theorie und Praxis sind keine unnütze Wiederholung, noch sind sie einander äußerlich.

[27] Vgl. »denn dasselbe ist Denken und Sein« (Hermann Diels: Die Fragmente der Vorsokratiker. Reinbek 1957, S. 45 [Rowohlts Klassiker. 10]) (Anm. d. Hrsg.).

Man muß hier zwei Irrtümer ausschließen: Der erste besteht in der Vorstellung, nach welcher das *Erkennen* ein einfaches Abziehbild oder eine Art überzählige Reproduktion des *Seins* sei, eine luxuriöse Kuriosität. Der dem ersten symmetrische zweite Irrtum besteht in der Vorstellung, nach welcher Wissen und Tun einzig durch die äußere Beziehung der Idee zu ihrem Objekt, der Anwendung zu ihrem Prinzip miteinander verbunden wären. In Wirklichkeit dispensiert nichts den Handelnden zu denken und nichts den Denkenden zu handeln, weil »das Tun und die Idee des Tuns« nicht äquivalent sind. In einem bestimmten Sinne ist die Wissenschaft der Philosophie nicht unterschieden von der Philosophie des Lebens. Und in einem nicht weniger wahren Sinn bildet die Erkenntnis einen effektiven Fortschritt. Sie realisiert eine Form der Existenz, die ohne sie nicht wäre, aber eine Form der Existenz, die integrierender Teil wird, weil sie ein normaler Ausdruck, eine wesentliche Bedingung der Entwicklung des Seins und der Wahrheit der Seienden in uns ist. Für den Menschen ist das Leben kein Leben ohne das Denken, ebenso wie das Denken kein Denken ist ohne das Leben. Man muß sich daher dessen, was man ist und was man hat, bedienen, um zu erkennen, und dessen, was man erkennt, um zu sein und mehr noch zu haben, ohne daß in diesem wechselseitigen Antrieb — wie bei einem Rad, das vorwärtsrollt — die Zykloide sich zum Kreis vollenden könnte, d.h. ohne daß die spekulative Reflexion | und die praktische Prospektion sich von nun an überdeckten und miteinander koinzident würden. Schon von hier aus sieht man die Würde und Stärke der Erkenntnis, die Bedeutung ihrer vitalen Rolle, ihre wirklichkeitsträchtige Reichweite: Die Philosophie zielt ursprünglich nicht nur darauf, unser Leben zu erklären, sondern es zu tun; nicht allein darauf, das Seiende zum Ausdruck zu bringen, sondern es sich einzuverleiben und zu assimilieren; sie gehört zur Wirklichkeit und steht in der Wirklichkeit; sie orientiert sich nicht rückwärts, zur Seite, nach außen; sie geht vielmehr in Laufrichtung; sie mischt sich hierein, sie verstärkt sie; sie ist etwas von dem, was uns sein macht; man kann daher sagen, daß sie aus der Anstrengung geboren wird, die der Menschen auf der Suche nach sich selbst macht, *ut virum agat, toti mundo sese inserendo, et totum mundum sibi inserens [daß sie den Menschen umtreibe, indem sie sich der ganzen Welt einflicht und die ganze Welt in sich einflechtet].*

2. Um seinen eigenen Anforderungen zu genügen, um sich besser zu erkennen und wahrhaft zu entwickeln, ordnet sich das menschliche Denken natürlicherweise dem Tun unter. Umgekehrt aber greift das Tun, um sich zu bestimmen und zu verwirklichen, spontan auf die Analysen der Reflexion zurück, die ihm unterschiedliche Objekte und sukzessive Zwecke vorlegen. Zweifellos hört die Prospektion deshalb nicht auf, ihren synthetischen Charakter zu bewahren. Sie bleibt eine direkte und auf die ganzheitliche Lösung des Problems ausgerichtete Erkenntnis, das sich in jeder menschlichen Existenz durch die Unruhe, durch ein ständiges Unterwegssein anzeigt. Aber schließlich erkennen wir das, was wir tun, was wir zu tun haben — um es besser zu machen — nur, indem wir unser allgemeines Ziel in besondere Pläne und untergeordnete Mittel ummünzen. Es ist ein in die Augen springendes Gesetz, daß nämlich die »allgemeine Neigung«, wie Malebranche[28] sagt, an der sich unsere unaufhörliche Bewegung nährt, nur Bewußtsein von sich selbst gewinnt und sich aufrechterhält, indem sie die Züge einzelner Motive und verschiedenartiger Ziele annimmt. Darüber hinaus bereichert die Analyse die Intuition durchaus, ohne sich darauf zu beschränken, sie zu inventarisieren. Es ist nicht allein und zunächst die objektive Wissenschaft, die sich durch diese unvermeidliche Aufteilungsarbeit entwickelt, sondern das Subjekt, das sich gerade durch die Anstrengung, die es aufwendet, um zu erkennen, verwirklicht. Von hier aus sieht man noch besser, daß der Fortschritt der Philosophie | dem Fortschritt unseres Seins und der Seienden in uns nicht äußerlich und subsidiär, sondern innerlich ist.

So wäre es auch eine Illusion, sich wiederum »gleich ins Zentrum des konkreten Lebens versetzen«[29] zu wollen, es für mög-

[28] Vgl. S. 107 Anm. 23 (Anm. d. Hrsg.).

[29] Um uns gegen einige trügerische Interpretationen zu wappnen, entlehne ich hier einige jüngst veröffentlichte Formulierungen. Wenn ich sie

lich zu halten, »jenseits der begrifflichen Dissoziationen, die das theoretische Denken dem blinden Tun entgegensetzen« zurückzusteigen und zu glauben, man könne so »die noch jungfräuliche Synthese der gegenüber jedem Diskurs vorgängigen und höheren Intuition« erreichen. Das hieße, man denke, ohne zu denken. Und wenn man tatsächlich »sogleich« und koste es, was es wolle, diese Desiderate verwirklichen wollte, so hätte man keine anderen Hilfsmittel, als diese Formeln selbst für die Dinge zu nehmen und sich einzubilden, daß man — abstrakt den Primat des Tuns behauptend und die allgemeine Bejahung des Konkreten setzend — schon das Konkrete selbst hätte: der am schwersten zu berichtigende »Intellektualismus« ist jener, der sich für sein Gegenteil hält. Wir müssen durch die analytische Reflexion hindurchgehen und wir gehen wirklich und unvermeidlich durch sie hindurch. Sie ist nicht weniger natürlich als die synthetische Prospektion: Unter ihrem fragmentarischen Aspekt, durch die Rückwirkung der Sinne und die Auflösung des Verstandes, erfassen wir die Dinge. Und wir können nicht anders. »Jeder andere Weg«, bemerkte schon Platon,[30] »ist | un-

aber isoliere, um sie zu kritisieren, als ob sie ein vollständiges Denken ausdrückten, während sie ohne Zweifel nur einen einfachen Aspekt der jeweiligen viel komplexeren Lehre in Relief setzen, so muß ich erklären, daß ich nicht die Intention ihrer Autoren, sondern die Tendenzen im Blick habe, denen sie als Vehikel dienen könnten. Wenn der Leser das Grundthema, das ich in diesem Artikel entwickle, im Auge behält, wird er vielleicht erkennen, daß die Methode, die darin besteht, abstrakt auf einem isolierten Aspekt zu insistieren, nicht konform ist mit den normalen Anforderungen der Philosophie. Wenn diese Fragmentierung auch für die Klarheit günstig scheint, so ist sie doch schädlich für die Wahrheit. Auf die Gefahr hin, obskur zu erscheinen, müssen wir also wohl durchgängig — bis ins Detail des Ausdrucks und bis in die minutiösesten Analysen — an diese wirkliche Komplexität einer Wissenschaft erinnern, die sich, indem sie immer gleichzeitig Reflexion und Prospektion gebraucht, nie ungestraft vom Leben trennt, — von dem Leben, das sich nicht auf die Logik des Monoideismus zurückführen läßt. Stellten die Alten nicht die Klugheit mit einem Doppelgesicht — nach vorn und nach hinten schauend — dar?

30 Wohl Anspielung auf den Philebos, 16b, vgl. Platon: Sämtliche Dialoge. Bd. 4. Hamburg 1988, S. 43: »Aber es gibt keinen besseren Weg und

gangbar« und chimerisch. Künstlich ist nicht die Reflexion, sondern der exklusive und verfrüht ontologische Gebrauch, den man von ihr zu machen versucht. Es handelt sich also nicht darum, »kehrtzumachen«, um fiktiv zu vermeiden, sich in dieser analytischen Arbeit zu engagieren. Wenn man sich des diskursiven Denkens entledigen wollte, um das Wirkliche zu erkennen, gelangte man, ob man es wollte oder nicht, zur Irrealität des Denkens wie zur Inintelligibilität des Seins. Es handelt sich hingegen darum, das Feld der objektiven Erkenntnis zu durchschreiten, nicht um sie zu ihrer Quelle zurückzubringen, sondern um sie zu ihrem Zusammenfluß mit dem Leben zu führen, zu ihrer Einmündung in den Ozean der Wirklichkeit. Im Namen des Tuns selbst muß das Denken respektiert und seine wirkliche Bedeutung aufrechterhalten werden, denn die Reflexion ist nur dann ein vitales Mittel, wenn sie gleichzeitig ein Ziel der Vernunft ist.

3. — In der folgenden Form muß also die Frage jetzt wohl gestellt werden, da sie nur gelöst werden kann, wenn die analytische Reflexion uns auf dem Weg des Seins engagiert und dazu beiträgt, uns in den Besitz der konkreten Wahrheit zu versetzen: »Wie dient das diskursive Denken dazu, eine volle Erkenntnis, eine wahre Synthese des Wirklichen vorzubereiten?« Bei allem Vorangehenden wurde zur Genüge die Unmöglichkeit betont, das Konkrete durch das Abstrakte nachzubilden, so daß die Schwierigkeit deutlich wird, das so bestimmte Problem zu lösen. Dennoch gibt es keinen philosophischen Geist, sei es auch nur im Entstehungszustand oder implizit, als dort, wo die Arbeit der Abstraktion am Werke ist, *per singula rerum et per objecta intellectus [über die Einzeldinge und vermittels der Gegenstände der Vernunft].* Es geht also darum zu sehen, wo dieses Vernunftbedürfnis, dieser Instinkt der objektiven Erkenntnis legitim ist und auf welche Weise er befriedigt werden muß.

Nach all den vorangehenden Diskussionen, darf man selbst-

kann sich schwerlich je ein besserer finden als der, zu dem ich mich immer durch eine besondere Liebe hingezogen fühle, und oft schon habe ich, wenn er sich mir entzog, mich verlassen und ratlos gesehen« (Anm. d. Hrsg.).

verständlich nicht davon träumen, all jene Repräsentationen des Wahrnehmungsvermögens, der positiven Wissenschaft oder der metaphysischen Ideologie, deren ontologische Prätentionen durch den Aufweis diskreditiert wurden, daß sie nur Aspekte, keine Atome oder konstitutiven Elemente der Wirklichkeit sind, als Materialien der Wirklichkeit zu benutzen und als Zahlungsmittel wiederzuverwenden. Anderseits müssen sie nach dem Vorangehenden dazu beitragen, uns diese | konkrete Realität erkennen und besitzen zu lassen, von der sie dennoch keine integrierenden Teile sind. Wie soll man aus diesem Dilemma herauskommen? Man steckt in der Schwierigkeit, weil man unbewußt immer wieder auf die trügerische Überzeugung zurückkommt, daß es genügt, um mehr vom Sein zu erlangen, in iner Art Dialektik die erworbenen Erkenntnisse zu strecken: Da wir durch eine mehr oder weniger ausgedehnte Erfahrung ein wenig vom dem, *was* die Dinge sind, gesehen haben, sind wir versucht, daraus alsbald eine angebliche Realdefinition zu ziehen und daher in einem seine Ursprünge vergessenden Apriorismus zu behaupten, *daß* sie sind, ohne zu bemerken, daß wir in einer solchen Behauptung etwas von der abstrakten Existenz des *ens generalissimum* mit etwas von den konkreten Wesenheiten der *individua ineffabilia* vermengen. Aber man mag tun, was man will: diese heterogenen Bestandteile verbinden und mischen sich nicht. Wenn man sich also nicht von den analytischen Gegebenheiten der objektiven Reflexion dispensieren kann; wenn man sich anderseits nicht legitimerweise an die intellektuellen Repräsentationen wie an unterschiedene und integrierende Teile der Wirklichkeit halten kann, so bleibt, daß das Denken wahre Erkenntnis hervorbringt, insofern es sich dem Tun vermählt — aber wie?

4. — Die objektiven Gegebenheiten sind Mittel, mit größerer Genauigkeit und in größerem Umfang unser Tun seinem Milieu anzupassen und als Folge eines besser angepaßten Tuns eine neue, reichere Erkenntnis zu erhalten, eine umfassendere Intuition, eine nähere Vertrautheit mit der komplexen Wirklichkeit, in der sich unser Leben abspielt. Nicht in der direkten Reflexion auf die Reflexion und ihre Objekte, sondern handelnd

nach reflektierten Ideen und objektiven Erkenntnissen gelangen wir dahin, besser zu denken und unser Bewußtsein besser unserem Seien und den Seienden anzugleichen. Die Methode geistigen Entdeckens ist nicht ideologisch, sondern positiv und praktisch. Im Gegensatz zu dem, was wir geneigt sind, uns einzubilden, sind die genau umrissenen Repräsentationen des Verstandes, die logisch definierten Begriffe nicht das Maß dessen, was wir von den Dingen erkennen. Nicht von dort, wo sozusagen Mauerwerk und Gerüst uns erlauben, von schon gebahnten Wegen zu profitieren und neue Anstrengungen uns exakter anzueignen, resultieren neue, | konkretere und kompetentere Intuitionen. Die Erkenntnis schreitet nur in Richtung der Wahrheit, wenn sie ein Aufruf zum Tun wird und indem sie die Antwort des Tuns in sich aufnimmt.

Weit davon entfernt, die Prospektion auf die Reflexion zurückzuführen, als ob das Konkrete durch das Abstrakte gemacht worden wäre, wie die diskursive Erkenntnis der Intuition zu opfern, als ob die Arbeit der Wissenschaft nur eine provisorische Künstlichkeit wäre, solidarisiert die Philosophie diese beiden gleichermaßen ursprünglichen und dem lebendigen Denken wesentlichen Bewegungen. Sie sind wechselseitig für ihren Fortschritt nötig. Und aus ihrer gegenseitigen Abhängigkeit resultiert eine Konzeption der Wirklichkeit, die völlig verschieden von derjenigen ist, die Realismus oder Idealismus haben. Die Wirklichkeit, wie sie uns einsichtig, zugänglich und heilsam ist, ist nicht aus der Summe vorgeblich objektiver Elemente gemacht, noch aus gänzlich subjektiven Konstruktionen. Sie ist vielmehr — wie eine chemische Verbindung, in der die Elemente, wiewohl unverzichtbar, in eine qualitativ neue Substanz umgewandelt sind — aus der Synthese der vielfältigen Beziehungen gemacht, die die immer diskursive Reflexion analysiert und die — in ihrer höheren Wahrheit — eine Intuition ausdrückt, die ihre Finalursache und der Grund ihres Seins ist. Und ist diese Lösung nicht durchaus konform mit dem Gemeinsinn, der — nach der Bemerkung Berkeleys — nicht die Qualitäten von ihrem Substrat trennt bzw. der kein anderes Substrat kennt als die Synthese der Qualitäten?

5. — Schon Descartes[31] hatte eine lebendige Empfindung dieser Wahrheit, als er sagte, daß die Wissenschaft, um vollendet und wirklich zu sein, ein Bedürfnis der Aufzählung hat, die die nacheinander studierten Details totalisiert und auf die Einheit einer unmittelbaren Sicht zurückführt, die die Erkenntnis mit dem Erkannten identifiziert. »Man muß der Gedächtniskraft durch eine ständige Übung des Denkens zu Hilfe kommen; [...] ich kann nichts mit Präzision aus den bekannten Beziehungen schließen, wenn mein Gedächtnis sie mir nicht alle darbietet. So werde ich sie alle der Reihe nach durchlaufen, [...] bis ich

31 Vgl. Règles pour la direction de l'esprit. éd. V. Cousin, t. XI, p. 234. [Regulae ad directionem ingenii. Aus der 7. Regel. In: Descartes: Oeuvres complètes / Ch. Adam ; P. Tannéry. Bd. 10. Paris 1909. S. 187f. — Dt. Ausgabe: Hamburg 1973 (PhB 262a), S. 41: »Zur Vervollständigung der Wissenschaft ist es nötig, das, was zu unserem Vorhaben gehört, insgesamt und Stück für Stück in zusammenhängender und nirgends unterbrochener Bewegung des Denkens zu durchmustern und es in einer hinreichenden und geordneten Aufzählung zusammenzufassen. — 1. Die Beachtung dieser Vorschrift ist notwendig, um diejenigen Wahrheiten gewiß zu machen, von denen wir oben gesagt haben daß sie aus den ersten und an sich bekannten Prinzipien nicht unmittelbar deduziert werden. Dies nämlich geschieht manchmal über einen so weitläufigen Zusammenhang von Schlußfolgerungen, daß wir uns, wenn wir bei ihnen angelangt sind, nicht leicht an den ganzen Weg erinnern, der uns bis dahin geführt hat. Daher sagen wir, daß man der Schwäche des Gedächtnisses durch eine Art zusammenhängender Bewegung des Denkens zu Hilfe kommen müsse. Wenn ich also z.B. durch getrennte Handlungen erstens erkannt habe, wie das Verhältnis zwischen den Größen A und B, sodann zwischen B und C, weiter zwischen C und D und schließlich zwischen D und E beschaffen ist, so sehe ich doch deshalb nicht, welcher Art das Verhältnis zwischen A und E ist, kann es auch nicht schlechtweg aus den bereits erkannten Verhältnissen erkennen, es sei denn ich erinnerte mich an alle. Aus diesem Grund werde ich sie in einer Art zusammenhängender Bewegung der Einbildungskraft, die das Einzelne intuitiv erkennt und in eins damit zu dem anderen übergeht, mehrere Male durchlaufen, bis ich gelernt habe, von der ersten bis zur letzten so schnell überzugehen, daß ich fast ohne Anteilnahme des Gedächtnisses das Ganze in einer Intuition zu überschauen glaube. Auf diese Weise nämlich wird, indem man dem Gedächtnis zu Hilfe kommt, auch der Trägheit der Erkenntniskraft abgeholfen und ihre Fassungskraft in gewisser Weise erweitert«].

von der ersten zur letzten so schnell übergehen kann, daß ich beinahe ohne die Hilfe des Gedächtnisses das Ganze mit einem Blick erfasse«. Aber was Descartes nur vom intellektuellen Gedächtnis und den abstrakten Relationen sagte, die | uns aus der Ordnung der Quantität nie zur Ordnung der Qualität zurückführen, muß man auch noch einmal von allen, selbst den heterogensten Erkenntnissen sagen, die die einfache »Übung des Denkens« nicht einen könnte, aber die durch die konzertierte Anstrengung des Tuns und der Reflexion ursprüngliche Verbindungen bilden und auf den Analysen der Wissenschaft und den Synthesen des Lebens immer reichere und ausdrucksstärkere Intuitionen gründen — Intuitionen, die irreduzibel auf ihre Bestandteile sind, die ihrerseits aber unverzichtbar sind, um diese vorzubereiten und hervorzurufen.

Ein einfacher Vergleich wird den Sinn dieser Lösung klären. Wenn wir imstande wären, im Laufe einer Sekunde 100.000 unterschiedene Eindrücke zu bemerken, und wenn unser Leben dieselbe davon festhalten müßte wie jetzt, würden wir nicht einmal einen Tag leben; am Abend geboren, würden wir den Tag nicht kennen, und die Bewegungen der Sterne oder der Lebewesen wären dermaßen langsam, daß nur anstrengende Induktionen uns davon eine Vorstellung gäben, so wie wir sie von den geologischen Zeitaltern haben. Oder setzen wir voraus, unsere spontane Wahrnehmung der Dauer oder des Raums wäre eine Milliarde mal synthetischer oder eine Milliarde mal analytischer als gegenwärtig: Wir hätten vielleicht von der Farbe eine Vorstellung, wie wir sie uns von den Schwingungen eines Pendels machen, oder von einem Atom, wie wir sie von unserem Sonnensystem haben. Die Bewegungen, deren Zeugen wir sind, wären unsichtbar wegen ihrer Schnelligkeit. Gewahrt man nicht, daß durch solche Hypothesen, die nichts am gegenwärtigen Lauf der Welt der Wissenschaft ändern, die Welt der Intuition völlig erneuert wäre? Und wenn es wahr ist, daß der anscheinend ganz einfache Eindruck des Rot oder des Blau von einer immensen Synthese herrührt und eine ungeheure Geschichte resümiert, muß man dann nicht sagen, daß die Objekte oder die Ereignisse, die uns unter den aktuellen Bedingungen unserer Existenz verstreut und fragmentarisch erscheinen, betrachtet werden können und müssen (wenn man ihre wahre Wirklichkeit und ihren vollständigen Sinn erfassen will), wie sie der Erkenntnis erschienen, die – ohne die Komplexität dieser Sachverhalte zu verkennen – auch ihre Einheit in einer irgendwie gefärbten und melodischen Gestalt erfaßt. Wir urteilen über unsere eigene Existenz und die Wirklichkeiten, auf denen sie beruht, noch so, als ob wir ein Allegro hörten, | in dem alle vierundzwanzig Stunden eine einzige Note folgt, während Mozart es von vornherein als Ganzes im Augenblick einer einzigen Impression gehört hätte.

Bemerkt man im übrigen nicht, wie die positive Wissenschaft selbst in ihren untergeordnetsten Formen dahin zielt, die ganze Welt für unsere Verfügung zu konzentrieren und sie uns in die Hand zu legen, indem sie über Ausdehnung und Dauer triumphiert? Noch mehr würde dies von jener totalen Erfahrung und Wissenschaft gelten, von der man behauptet, daß sie uns zur Unbewußtheit eines materiellen Objekts reduzierte.[32] Ja, vielleicht, wenn man, um zur Intuition zurück oder hin zu gelangen, die Analysen der Reflexion vergessen müßte. Nein, gewiß, wenn die Kraft und die Schönheit der Wissenschaft genau darin bestehen, dem Sein durch die Vermittlung des Tuns jedes Detail der erkannten Beziehungen einzuprägen, den gesamten Fortschritt der gesammelten Erfahrungen, um schließlich jenen höheren Zustand zu verwirklichen, wo die menschliche Erkenntnis und das menschliche Streben im vollen Besitz dessen, durch das und für das wir sind, miteinander zur Deckung kommen.

So verstanden unterzieht sich die Philosophie nur einer technischen Disziplin, um gerade die Komplexität des Lebens zu respektieren, um dem Gemeinsinn treu zu bleiben, der immer der Erkenntnis feindlich ist, die sich nicht dem Tun zuwendet, um entschlossen widerspenstig zu bleiben gegenüber der Faszination eines abstrakten Denkens, das versucht ist, sich selbst für das einzige Mittel und das ausreichende Ziel zu halten. Von

[32] Vgl. das Bergson-Zitat S. 91, Anm. 14 (Anm. d. Hrsg.).

ihrem Ausgangspunkt an muß die spezifisch philosophische Untersuchung sich unterscheiden von der allgemeinen Erfahrung und von den Wissenschaften im eigentlichen Sinn, die sich an den Objekten festmachen. Denn es ist nicht ein besonderes Objekt, bei dem die Philosophie ansetzt, sondern eine ganzheitliche Art, das Problem der [menschlichen] Bestimmung und die Frage nach dem Sein zu betrachten. Und die ständige Schwierigkeit, die sie überwinden muß, ist es eben, ihre Untersuchungen ohne die Stütze eingebildeter ontologischer Entitäten ablaufen zu lassen, ohne den Köder einer unmittelbaren und erfüllenden Erfassung der konkreten Realität. Nicht daß man den substantiellen Wert der Erkenntnis verachten müßte. Denn das Denken erlaubt uns, zu bejahen, daß es im Tun, wo sich die Synthese unseres Seins und der Seienden vollzieht, etwas gibt, dem es sich zweifellos nicht unmittelbar angleicht, wovon es selbst aber ein Auszug ist, insofern es | dazu dient, die Bedingungen einer vollständigeren Angleichung zu bestimmen, ohne diese aus sich selbst zu erfüllen.[33]

Auf die Eingangsfrage ist also legitim zu antworten, daß die Philosophie die in ihrer Form spezielle und technische, in ihrer Materie universelle und gemeinverständliche Integration der hierarchisierten Anstrengungen des menschlichen Lebens ist, unser Sein zu realisieren durch Realisation der Seienden und des Seins in uns, d.h. indem wir sie erkennen, uns ihnen angleichen und sie uns assimilieren. Sie offenbart nicht nur immer deutlicher die komplexe Einheit dieser spontanen Anstrengung, sondern sie orientiert und erweitert sie bewußt. Sie ist nicht nur ein Bild, ein Entwurf des Lebens. Sie trägt dazu bei, es an sein Ziel zu bringen und seine Reichtümer, Verantwortlichkeiten und

33 »Der Mensch hat nur Wissenschaft, insoweit er handelt.« Franziskus von Assisi: Speculum Perfectionis [seu S. Francisci Assisiensis legenda antiquissima auctore fratre Leone] / P. Sabatier (Hrsg.). Paris 1898, S. 10–13. [Hier S. 13: »Et quia saepe dicebat: ›Tantum homo habet de scientia quantum operatur ... ‹«]. Und umgekehrt ist es richtig, hinzuzufügen, daß wir nur menschlich handeln unter der Bedingung, zu wissen, d.h. eine wenigstens implizite Sicht der Wirklichkeit zu haben.

Folgen ans Licht zu bringen und zu vermehren. Zweifellos gelingt es ihr nie, sämtliche Implikationen des gelebten Augenblicks zu explizieren die der Einsatz ihrer Untersuchung sind. Aber dies kommt daher, daß wir noch auf dem Weg des Lebens, noch nicht in der Ruhe der Schau sind. So kann man angemessener sagen, daß die Philosophie *viribus unitis* an einer Aufgabe mitarbeitet, als daß sie spekulativ ein Objekt definiert. Denn es ist nicht Aufgabe der Spekulation, eine aktuelle Antwort auf das aktuelle Problem zu geben, das sich ihr auferlegt: Wir handeln nur, um zu erkennen, damit wir schließlich erkennen, um zu handeln. Wir können diese uns bewegende Schwierigkeit nicht im vollen Licht eines vollendeten Gedankens lösen; denn die faktische Lösung ist für jeden von uns in jedem unserer Augenblicke realisiert, der der unseres Todes sein kann. Von dieser faktischen Lösung geht die Philosophie aus, um darin die Unbekannte zu bestimmen durch Determination der Gleichung der tiefen Bewegung, die uns trägt, der spontanen Forderungen, die uns drängen, mit dem Fortschritt unserer Wissenschaft und dem Ziel unseres Willens. Vor langer Zeit schon haben Platon und Spinoza gesagt: »Die Philosophie ist ein Erlernen des Todes«,[34] d.h. die

[34] Vgl. z.B. Platon: Phaidon 64a: »Alle die, welche sich mit der Philosophie richtig befassen, beschäftigen sich offenbar, ohne daß die anderen es merken, eigentlich mit nichts anderem als mit dem Sterben und mit dem Totsein« (Übers. R. Rufener). Zu Spinozas — durchaus gegen Platon gerichteter — Auffassung vgl. B. Spinoza: Ethica IV, Prop. 67: »Homo liber de nulla re minus qua de morte cogitat, et ejus sapientia non mortis, sed vitae meditatio est«; dt.: Die Ethik. 2. Aufl., erg. Nachdr. Hamburg 1976 (PhB 92), S. 247: »Der freie Mensch denkt an nichts weniger als an den Tod; und seine Weisheit ist nicht ein Nachsinnen über den Tod, sondern ein Nachsinnen über das Leben«. — Blondels Spinoza-Interpretation in dieser Hinsicht wird aus seiner späteren Stellungnahme zu J. Segond in den Études philosophiques 7 (1933), S. 113–115, hier 114, deutlich: »Spinoza hat in der Tat einen philosophischen Ersatz für das gesucht, was die Religionen das Heil nennen; er wurde daher implizit zur Theorie einer gnadenhaften Hilfe und eines für das Reich der Liebe und der Einheit unvermeidlichen Zusammenwirkens geführt. Wenn es wahr ist, daß wir nicht den Tod, sondern das Leben, die Freude und die Ewigkeit meditieren müssen, so wird

Antizipation des wahren Lebens, des Lebens, das für uns untrennbar Erkennen und Tun ist.

es dennoch nie wahr sein, daß der Ausgleich in unserem Wesen erreicht werden kann, ohne daß ein Riß entsteht zwischen dem Aktuellen und dem Ideal, ohne daß wir in unserer persönlichen Entwicklung das Eindringen eines Unendlichen erleiden, das uns erweitert: unter der Form der Zweiheit und des Widerspruchs vollendet sich so der Fortschritt des Lebens in uns; in diesem Sinne gibt es Heterogenität zwischen dem, was wir sind, und dem, was wir sein sollen: die Demut ist der Weg des Ruhms; der Tod und die Prüfung sind der Weg des Lebens« (Anm. d. Hrsg.).

PERSONENREGISTER

Das Personenregister umfaßt die Einleitung, die Literaturangaben und die Texte. Der Name Blondel und die von ihm verwendeten Pseudonyme sind nicht aufgenommen.